소리의 재발견

SOUNDSCAPE - SONO SHISOU TO JISSEN by Keiko Torigoe

Copyright ©1997 by Keiko Torigoe

Original Japanese edition published in 1977 by KAJIMA INSTITUTE PUBLISHING CO.,
LTD. Korean translation rights arranged with KAJIMA INSTITUTE PUBLISHING CO.,
LTD. through Owls Agency Inc., PLS Agency. Korean translation copyright ©2013 by
Gumulko Publishing Co.

소리의
재발견

소리 풍경의 사상과 실천

토리고에 게이코 지음 | 한명호 옮김

그물코

SOUNDSCAPE

차례

제1장 머레이 셰이퍼와 20세기 음악의 지평

제2장 소리 풍경을 듣는다

제3장 소리 풍경 디자인

들어가며

소리를 듣는 것은 인간이 살아가면서 가장 기본적으로 영위하는 행위의 하나이다. 소리의 세계는 생활에서 결코 빠질 수 없는, 우리 삶을 지탱하는 중요한 차원이다. 이 세계를 현대적 관점에서 다시 파악한 '사운드스케이프(soundscape)'라는 용어가 등장한 것은 1960년대에서 1970년대로 넘어가는 시기였다.

사운드스케이프는 소리를 뜻하는 단어 '사운드(sound)'와 풍경 또는 경관을 뜻하는 접미어 '스케이프(scape)'가 결합한 말로 우리 말로 '소리 풍경'(아래에서 soundscape는 가능한 한 '소리 풍경'으로 옮기되, 맥락상 반드시 필요한 경우에는 '사운드스케이프'로 옮겼다. ― 옮긴이)이라는 뜻이다. 이 말을 단순한 조어(造語)가 아니라 현대 사회를 설명하는 새로운 개념으로 처음 제창한 것은 캐나다의 작곡가인 머레이 셰이퍼이다. 그가 이 말을 개념화한 지 스물다섯 해가 지난 1990년대 중반, 일본에서는 이미 셰이퍼의 생각을 넘어서는 다양한 사운드스케이프론이 전개되고 있다. 그 영역은 개념 성립의 직접적 방아쇠가 된 예술 사상과 생태학 두 영역에 그치지 않고 도시·사회·환경에 관한 여러 사상과 활동, 더 나아가서는 사람들의 생활까지 미치고 있으며, 그 넓이와 깊이는 적어도 캐나다를 비롯한 영어 사용권 국가에서는 찾아볼 수 없는 부분이 있다. 따라서 지금 소리 풍경에 관해 글을 쓴다면 여러 가지 관점으로 이 문제를 다룰 수 있을 것이다. 하지만 이 책에서 나는 논의의 초점을 세 가지로 좁혀 보기로 했다.

첫째, 소리 풍경의 개념은 이 시대를 함께 살아가는 작곡가 한 사람이 자신을 둘러싼 여러 가지 문제들을 진지하게 바라본 결과 생겨난 것으로, 서양 근대의 음악 예술 제도를 그 근원에서부터 다시 성찰하려 했던 시도라는 점이다. 제1장 '머레이 셰이퍼와 20세기 음악의 지평'에서는 주로 이 문제를 다루려고 한다.

둘째, 소리 풍경이라는 새로운 사고방식에는 환경을 이해하기 위한 원리와 방법이 들어 있으며, 이 개념을 통해 파악되는 주변 환경에는 종래 시각 중심으로 이해되어 온 환경을 보충하는 몇 가지 독특한 특징이 있다는 점이다. 제2장 '소리 풍경을 듣는다'에서는 주로 이와 관련한 논의를 전개할 것이다.

셋째, 소리 풍경이라는 사유 방식은 현대 사회에서 여러 가지 형태로 전개되는, 공간이나 환경과 관련한 디자인 활동에 새로운 견해와 지평을 열어 주는 한편, 디자인 개념 자체를 확장한다는 점이다. 제3장 '소리 풍경 사상에 기초를 둔 디자인 활동'에서는 이와 관련한 논의들을 규명할 것이다.

그 밖에 서론에서는 소리 풍경 개념을 거론할 때 사전에 확인해 두고 싶은 것을 정리했으며, 결론에서는 주로 건축을 중심으로 소리 풍경이라는 사고 방법을 통해 우리가 재발견하는 새로운 세계를 기술했다.

소리 풍경에 대하여

'소리 풍경'이라는 개념을 거론할 때 먼저 주의해야 할 점이 있다. 메이지 시대에 일본에 유입된 아트(Art)나 뮤직(Music)이라는 사고 방법에서 원점이나 표본이 되는 것은 항상 그 개념들을 낳은 서양의 전통이다. 소리 풍경 역시 서양에서 시작된 개념이다. 그러나 [아트나 뮤직과 달리] 소리 풍경은 지구상의 여러 시대나 지역에서 인간이 소리 환경과 어떤 관계를 맺어 왔는지를 문제로 삼아 각각의 소리 환경을 개별적인 소리 문화를 통해서 다시 파악하는 것이다. 따라서 이 사고 방식을 받아들임으로써 우리는 오히려 잊으려 했던 고유의 소리 풍경 미학과, 살아가면서 마주쳐 왔던 풍요로운 소리 문화를 떠올리게 된다. 소리 풍경을 통해 근대 이후에 유입된, 건축이나 음악과 같은 아트와 관련된 여러 가지 개념들을 문화적으로 상대화함으로써, 그런 틀에서 지금까지 놓쳐 왔던 고유한 소리 문화들을 살려 낼 수 있게 된다.

오늘날 우리에게 가장 중요한 일은 살아가면서 자신의 몸을 통해 주변 세계를 어떻게 느끼며, 각 공간을 어떻게 이름 짓고 그 환경을 어떻게 파악하는지를 아는 것이다. 청각(聽覺)을 매개로 해서 이러한 점을 우리에게 호소하는 것이 바로 소리 풍경의 사고 방법이다. 따라서 소리 풍경을 맛보고 느끼는 출발점은 우리 한 사람 한 사람이 자신의 몸으로 파악하는 소리 풍경 그 자체여야 한다.

소리는 풍경의 불가결한 요소

여기저기 나뭇가지에서 쓰름쓰름…… 하는 쓰르라미 소리가 들린다. 벚꽃 잎이 바람에 흔들거리는 부드러운 소리도 서서히 스쳐 지나간다. 연못 쪽에서는 물을 가르며 느긋하게 나아가는 보트의 노 젓는 소리와 함께 이따금씩 물새의 가늘고 높은 울음소리가 들린다. 길 뒤쪽에서는 환성을 지르며 달려가는 아이들 발소리와 자전거 소리가 지나가고, 그 건너편 쪽에서는 전철이 고가선로를 낮게 울리면서 지나간다.

이것은 이 책을 집필 중이었던 여름 해질 무렵, 무사시노 교외의 한 공원을 산책하면서 들었던 소리들이다. 소리의 풍경은 항상 우리 눈에 비친 풍경 체험에 동반하면서 그 풍경에 풍부한 맛과 그림자를 자아낸다. 1939년 임학 박사인 곤다 게이이치는 당시 도쿄 풍경 협회에서 발행한《풍경(風景)》이라는 잡지에「풍경과 소리」라는 글을 발표했다. 그 글은 다음과 같이 시작한다.

풍경은 보는 것만이 아니고 들어야 할 때도 있다. 듣는 풍경은 보는 풍경에 무형의 분위기를 부여한다. 구니키다 돗포는 가을이 되면 숲에서 나는 소리, 겨울이 되면 숲의 아득히 먼 곳에서 울리는 소리로부터 무사시노의 마음이라고 할 만한 분위기를 이해했다. 이 경우 듣는 것이 오히려 보는 것을 지배하는데, 이러한 경우는 자주 일어난다.[1]

이처럼 일본에서도 소리 풍경이라는 개념으로 통하는 감성이나 사고 방법이 캐나다에서 이 용어가 제창되기 훨씬 이전부터 여러 형태로 기록되고 실행되고 있었다.

예를 들면, 우키요에(浮世繪, 에도 시대 발달한 풍속화) 가운데 에도(도쿄의 옛 이름)의 명소 중 하나를 소개하는 「도칸 산의 벌레 소리 듣기(道灌山蟲聽きの圖)」가 있다. 이는 풍경은 보는 것만이 아니고 들어야 할 때도 있음을 매우 이해하기 쉽게 보여 준다.

『에도 문학 지명 사전(江戸文學地名辭典)』에 따르면, 도칸 산은 "일명 성산(城山)으로 불린다. (중략) 게이힌 토호쿠센 니포리 역에서 다바타로 가는 선로의 왼쪽으로 계속되는 대지에서 가장 높은 곳으로, 소와다이와 마주한 언덕이다. (중략) 가을에는 벌레 소리를 듣는 명소로 알려져 도시인의 행락지였다"고 한다. 「도칸 산의 벌레 소리 듣기」는 여름밤의 어둠 속에서 요란하게 울어 대는 벌레 소리에 가만히 귀 기울이는 사람들을 지평선 너머의 커다란 달이 비추기 시작하는 풍경을 담은 신기하고 풍부한 느낌을 주는 우키요에다.

도쿄에서는 지금도 여름이면 많은 벌레들이 운다. 에도 시대에는 시내에서도 갖가지 벌레 소리가 들렸을 것이다. 그런데도 사람들은

도판 1-1 | 「도칸 산의 벌레 소리 듣기」 (안도 히로시게 그림)

벌레 소리를 듣기 좋은 이러한 명소에 술과 도시락을 싸 들고 갔다.

오늘날에는 명소라고 하면 대개 벚꽃 명소 등 시각적 경치를 즐길 수 있는 곳을 떠올린다. 그런데 당시 에도 거리에는 벌레 소리라는, 자연의 콘서트를 즐길 수 있는 특별한 장소가 있었다. 즉 소리 풍경을 즐기는 명소가 있었음을, 그 장소나 풍경을 즐기는 방법이 있었음을 「도칸 산의 벌레 소리 듣기」의 우키요에는 멋지게 전해 준다.

현대에 와서 '벌레 소리 듣기 모임'은 거의 사라졌다. 하지만 개개인은 이 감각과 미학을 몸으로 계승하고 있다. 나 역시 어렸을 때 툇마루나 모기장을 친 침상에서 여름밤 뜰에서 나는 벌레 소리에 귀 기울이던 추억이 있다. 뜰이나 마루 아래 등 여러 곳에서 들려오는 소리에 둘러싸여 잠들었다. 무척 편안하고 행복했던 느낌이 기억난다. 대학에서 음악을 전공한 후에도 기운이 없을 때에는 귀갓길에

우에노에서 오카마치로 통하는 아메요코에 들렀다. 활기 넘치는 그 길에 있으면 왠지 거리의 웅성거림에 치유되는 기분이 들었다.

뜰의 소리나 거리의 소리에는 콘서트홀에서 감상하는 음악에서는 절대 얻을 수 없는 어떤 맛이 있다. 음악의 영역에서는 그런 소리는 모두 배제되어서 매우 안타까워하곤 했다. 그런 덕분인지 소리 풍경이라는 사고 방법을 접했을 때 나는 강하게 마음이 끌렸다. 소리 풍경은 음악 사상으로 제창되지 않으면서도 자연의 소리나 도시의 소리와 인간 사이의 심미적 소통을 명확하고 적극적으로 다루려고 했기 때문이다.

소리 풍경의 약화

그런데 앞에서 소개한 잡지 《풍경》의 1939년 같은 호에 가와무라 다미지는 「풍경의 향기와 소리」라는 글에서 이렇게 말했다.

풍경을 감상하는 사람은 코와 귀를 좀 더 유용하게 함께 써서 풍경의 향기와 소리, 색과 형태를 서로 잘 융화해서 즐겨야 하지 않는가.

그러고는 다음과 같이 한탄했다.

대체로 문화 수준이 진전함에 따라 시각 의존도가 높아지는 것이 보통인데, 음악이나 향료로 즐기는 경우와 달리 자연의 소리나 향기에는 점차 부주의해지는 경향이 있다. 단시간에 가능한 한 널리 다니며 풍경을 감상하는 사람의 경우 움직이는 것은 눈뿐이다.[2]

가와무라 다미지가 말하는 문화 수준의 향상이 근대화의 이름 아래 추진된 서양화 과정이었음은 말할 필요도 없다. 서양 근대화가 우리의 감각에 미친 변화 중 하나는 시각 편중과, 그에 뒤따르는 전신 감각적 사고의 약화였다.

이미 태평양 전쟁 이전부터 가와무라 다미지 같은 전문가들이 [근대화 이후] 소리 풍경의 약화를 알아차리고 이에 대해 경고했다. 예를 들면, 사람들의 생활양식으로부터 시대와 사회를 명명하려 했던 야나기타 구니오는 특유의 예리한 감성을 통해 서민들의 삶에서 소리와 향기의 중요성을 강조하면서, 그와 관련한 문화가 확실히 사라져 가는 것을 정확하게 파악했다. 전쟁이 일어나기 약 십년 전의 일이었다. 1930년 『메이지 다이쇼의 세태(明治大正世相篇)』라는 책에서 그는 '시대의 소리'라는 사고 방법을 제시하면서 이렇게 말했다.

언제부터인지 귀를 기울일 기회가 줄어들었다. 지나간 소리를 잊기 쉬운 게 당연해지고, 계속 출현하는 소리의 새로운 의미조차도 그냥 듣고 흘려버리는 경우가 많아졌다.

그러면서 소리의 세계에 대한 당시 일본인의 감성이 특히 둔해졌음을 확실히 지적했다.[3]

마셜 매클루언에 따르면, 서양에서는 근대에 이르러 시각 중심의 문명이 형성되었다.[4] 서양 근대가 확립한 과학이 근간으로 하는 것은 대상에 대한 '객관적 파악'과 '요소 환원, 분석주의'라는 발상이었다. 과학의 영역만이 아니라, 서양 근대는 각 영역을 전문 분야로 나누는 효율이 좋은 발상과 작업 방법을 장기로 하여, 교육 제도에서부터 직업에 이르기까지 세분화된 많은 전문 영역을 낳았다. 가령, 예술 분야를 예로 들어보자. 미술은 시각 예술, 음악은 청각 예술로 불리는 것처럼, 인간 감각과 감성 및 이와 관련된 모든 제도가 오감의 틀 속에서 개별적으로 나누어졌다.

일본에서도 메이지 시대 이후 지금까지 계속해서 근대화가 추진되었다. 근대화가 사회 제도 전체를 바꾸어 놓은 것은 물론이고, 무엇을 어떻게 보고 듣는가 하는 개개인의 감각과 감성에까지 영향을 미친 것은 두말할 필요도 없다. 이러한 '제도의 근대화'와 '감성(신체)의 근대화'라는 이중의 근대화를 통해, 예전의 유연한 풍경론은 전쟁 이후 고도 성장기를 거치면서 더 전문화되고 세분화되었다. 동시에 메이지 시대 이후에도 살아남았던 일본과 아시아의 소리 풍경 전통도 점점 설자리를 잃어 갔다. 특히 도시나 자연을 대상으로 한 계획 이론에서 '풍경'은 그 내용이 좀 더 한정된 '경관'이라는 용어로 교체되었는데, 건축 관련 사전을 보면 경관은 "토지에서 자연과 인간의 교감에 의해 형성된 가시적인 사상(事象, 사건이나 사물)의 모든 것, 다시 말해 시각적 환경을 일컬음"[5]이라고 정의된다. 이런 상황 탓에 일본에서는 아주 최근까지 공간이나 도시 만들기에서 형태가 있는 것 또는 시각적 사물이 중시되었고, 그에 따라 어떻게 하면 기능적이고 효율적인 엄격함을 구현할 것인지가 중요한 과제가 되어 왔다.

삶과 동떨어진 음악

메이지 시대의 일본인은 소리에 대해 배우지 않았을까? 그렇지 않다. 메이지 시대 사람들은 서양 근대의 소리 문화, 다시 말해 예술 음악을 수입하고 습득하는 데 여념이 없었다. 이른바 『문부성 창가(文部省唱歌)』는 에도 시대까지 있었던 일본 특유의 음률, 음계와 전혀 다른 구조를 가진 서양 음악을 가르치기 위해 특별히 만든, 세계에서 유례를 찾기 어려운 독특한 교재였다. 전국 방방곡곡의 초등학교에 오르간을 도입하여 어린이들 모두 '도레미'로 노래를 부를 수 있도록 한 것은 음악이라는 감성의 창을 통해서 일본인을 서양화하는 상당히 교묘하게 짜인 국가 정책 중 하나였다.

한편, 메이지 시대 일본인의 삶에는 아직까지 에도 시대로부터 이어져 내려온 소리 문화가 여러 가지 형태로 남아 있었다. 오오모리 패총(貝塚)[6]을 발견한 미국의 동물학자 에드워드 모스는 일본 체류기인 『일본의 그날그날』[7]에서 메이지 시대 일본인의 모습을 생생하게 묘사했다. 이 책에는 거리를 왕래하는 큰길의 예능인들, 물건 파는 소리, 순례자들의 창가 소리에서부터 구하기 쉬운 소재로 방울 같은 것을 재주 있게 만들어 생활 속에서 즐기는 모습 등 당시의 풍부한 소리 문화가 기록되어 있다. 그중에는 다음과 같은 토목 작업 현장을 묘사한 흥미 있는 기록도 있다.

고베에서는 노동자 몇 사람이 창가에서 말뚝 박는 것을 보았다……. 이 스케치는 발판 위에서 무겁고 긴 망치를 든 사람들을 그린 것이다. 아래쪽 두 사람은 박을 말뚝을 붙잡고 그 방향을 정한다. 그중

한 사람이 짧은 노래를 부르면 발판 위쪽 사람들은 몸을 슬쩍슬쩍 움직이며, 망치를 들어 올려 공중에서 흔들며 박자를 맞춘다. 그러고는 후렴을 하고 나서 서너 번 말뚝을 박고, 다시 아래쪽에 있는 사내가 노래를 시작한다. 노랫말은 "왜 이렇게 단단할까, 좀 더 치면 말뚝이 들어간다, 머지않았다"라고 묻는 듯한, 또는 용기를 북돋우는 듯한 구절로 되어 있다. 이렇게 여러 번 반복하면서 말뚝을 박는다. 위쪽에 있는 사내들은 종종 두음을 맞춘 한 사내의 익살스러운 말에 크게 웃는다. 모두 유쾌하게 웃으면서 일한다. 그들은 해 지기 전에 꽤 많은 일을 해야 할 것 같은데, 느릿느릿하게 생각이 깊은 듯 일하는 모습을 보면 웃음이 절로 나온다.[8]

모스가 전하는 메이지 시대의 토목 공사 현장은 현대의 기계화된 현장과는 그 모습이 사뭇 다르다. 하지만 요이토마케(ヨイトマケ)[9]라는 단어가 우리 귀에 아직 익숙함을 생각해 보면 이러한 풍경이 일본 거리에서 사라진 것은 의외로 최근의 일임을 깨닫는다. 또한 여기에서 주목할 점은 일본의 생활 문화에서 모스가 말했던 '노래'와 '노래 아닌 것'의 경계 따위는 원래 존재하지 않았다는 것이다. 이런 노동 현장을 포함해서 생활 곳곳에서 풍부한 소리 문화가 전개되었다. 하지만 모스가 겪었던 메이지 시대의 소리 문화는 당시 일본 정부가 근대화 정책으로 추진하던 교육에서는 제외되었다. 모스가 일단 일본의 노래와 음악이라고 받아들였던 소리 문화도 거기에 들지 못했다. 모든 소리 문화가 뮤직(음악)이라는 틀로 집약되는 과정에서 하물며 '벌레 소리 듣기 모임' 같이 자연계의 소리를 심미

적으로 듣는 전통이 계승되는 것은 바랄 수조차 없었다.

한편, 콘서트홀 음악이라는 형태를 취했다 하더라도 서양 근대 음악도 작곡가 개인이 살면서 체험한 소리 환경을 여러 가지 형태로 기록한 것이다. 그러나 그 음악 역시 본래의 역사와 환경에서 벗어나 일본이라는 전혀 다른 풍토를 가진 지역으로 들어온 탓에 그나마 남아 있던, 환경과 소통하는 힘도 쇠퇴했다.

도쿄 대학교 공대 교수로 경관학 전문가인 나카무라 요시오는 '생활경(生活景)의 빈곤'을 호소하며 『풍경학 입문』에서 다음과 같이 말했다.

거기에는 근처에 있는 강을 더럽게 놓아두면서 미술관 문 앞에는 사람들이 몰려들어도 된다는 식의 경우가 있다. 즉 미적 생활을 미술관으로 격리하는 경향과 일상생활 공간에 대한 무관심이 겉과 속을 이루고 있다. 문화를 장소에서 따로 떨어뜨려 비일상화하는 근대주

의의 일반적 체질은 서양 사상을 그 역사와 풍토의 모태에서 격리해서 기성품으로 일본에 들여오는 과정에서 증폭되었다고 할 수 있다. 수입 사상에 계속해서 쫓기던 지적 다망함이 생활공간과 풍토에 주입된 사상성을 바라보는 시력을 흐리게 만들었다.[10]

이 글에서 나카무라 요시오가 주로 시각 풍경에 대해 말하는 내용은, 메이지 시대 이후 일본에서 나타난 소리 풍경의 빈곤과 음악의 관계에 그대로 들어맞는다.

도판 1-3 | 길 위의 음악가와 서양 음악을 배우는 어린이[11]

청각에서 전신 감각의 복권으로

앞에서 소개한, 곤다가 관찰한 풍경 중에서 다음과 같이 묘사한 삼림 풍경에서는 그 깊이가 느껴진다.

풍경에서는 사실 귀 기울이고 들을 만한 아늑하고 고요한 소리의 분위기가 대단히 중요한 경우도 있다. 예를 들면, 깊은 산속에서 새소리의 메아리를 들으면 산의 영기가 점점 다가오는 것을 느낀다. 또한 깊은 계곡 아래에서 졸졸 흐르는 물소리가 들리면 계곡이 점점 깊어짐을 느낀다. 울창하고 무성한 숲에서 들리는 낮은 소리는 원시림의 장대함을 더 압도적으로 느끼게 한다.

숲에서 울리는 소리는 단지 '공기의 진동인 음향'이 아니다. '싱싱(しんしん, 눈이 소복소복 내리는 모양)'이라는 기이한 소리는 깊은 산속의 냉기, 나무들의 향기, 산의 신비 등을 전부 결합한 전체적인 감각이다. 소리라는 개념은 서양 근대 문명이 규정하는 음향을 훨씬 뛰어넘는 더 넓은 세계를 뜻한다. 소리의 세계는 단지 귀로 파악하는 것뿐만 아니다. 공기의 팽창이나 촉감 등을 온몸으로 느낄 수 있도록 해 주는 숲의 배려이다. 들리는 소리만큼이나 분위기가 중요한 것이다. 이 글에서 묘사된 세계를 오감 각각으로 나누어 보는 것은 그 자체로 불가능하다.

이처럼 적어도 반세기 전에는 일본의 풍경론에서 생생한 귀의 사고가 작용했다. 청각은 시각뿐만 아니라 후각과 촉각이라는 다른 감각들과 유기적으로 연결되어 세계를 깊고 풍부한 것으로 만들었다.

그러한 세계는 전신 감각을 통해 풍요롭게 유지되었다.

'소리 풍경'의 사고 방법은 그 밑바탕에 청각 문화의 복권을 시도하는 것뿐만 아니라 서양 근대 문명이 세분화한 모든 제도의 통합을 지향하는 뜻이 담겨 있다. 이는 소리 풍경의 사고 방법을 이해할 때 가장 주의할 사항 중 하나이다. 이렇게 이해할 때에만 소리 풍경의 사고 방법은 도시와 환경을 둘러싼 전문가들이 자기 작업과 관련해 고려해야 하는 일로서 그리고 많은 사람들이 날마다의 삶을 더 풍요롭게 하는 단서로서도 중요한 콘셉트가 되기 때문이다.

소리 풍경의 사고 방법을 통해 우리는 솔바람 소리에 귀 기울이거나 벌레 소리를 감상하는 등 소리를 풍경의 중요한 요소로서 파악했던 전통적인 풍경에 대한 감성을 다시 느낄 수 있다. 또한 사람들이 여러 가지 예(藝)나 의식을 통해 자연을 비롯한 갖가지 환경과 풍부하게 교신했음을 떠올릴 수 있다. 더 나아가서 오감으로 각각 나누어진 근대 예술의 기본 틀에서는, 또 작품을 예술가 내면 감정의 표현 수단으로 파악하는 근대 예술의 미학에서는 소리와 관련한 전통적인 활동을 결코 파악할 수 없음을 깨닫는다.

요즈음 현대의 예술이나 아트, 또는 디자인과 같은 단어 각각이 가진 개념과 틀, 각 영역의 문제를 그 본질에서부터 되물으려는 움직임이 여러 형태로 나타나고 있다. 소리 풍경 역시 이 흐름 속에서 나왔으며, 지금까지 당연하다고 여겨 왔던 기성의 여러 가지 틀들을 근본적으로 다시 성찰하기 위한 사고 방법이다. 이는 또한 사람들이 자신의 고유한 문화를 재발견하는 일과도 연결되어 있다.

제1장

머레이 셰이퍼와 20세기 음악의 지평

소리 풍경이라는 개념은 머레이 셰이퍼라는 현대의 한 작곡가가 자신을 둘러싼 문제들을 진지하게 바라본 결과 생겨났으며, 그에 따라 필연적으로 도달할 수밖에 없었던 하나의 음악 사상이다.[12] 그 배경에는 서양 근대 음악의 틀에서 벗어나려는 욕구와 [산업 문명이 불러온] 소음 문제에 대한 관심 그리고 비서양(非西洋) 근대 음악의 재발견이라는 서로 연결된 현대의 음악 정신이 놓여 있다. 또 1960년대 북미를 중심으로 한 생태학 운동이 보여 준 환경 일반에 대한 사회적 관심 고조도 이 개념이 성립하는 데 중요한 배경이 되었다. 따라서 소리 풍경의 개념은 음악 사상을 뛰어넘어 현대 환경 사상의 일부를 이룬다고 할 수 있다.

셰이퍼는 종래의 음악 예술 제도에 뿌리를 두지 않은 음악 전문가인 동시에 현대를 살아가는 한 인간으로서의 정체성도 잃어버리지 않았다. 사실 그는 소리 풍경 개념을 주창하고 나서 1970년대 내내 캐나다를 비롯하여 유럽 각지에서 소리 환경에 대한 조사 연구 활동을 전개했다. 소리 풍경 개념은 그러한 활동 속에서 더 진화해 갔다.

한편, 이러한 상황과 관련해 이른바 '소리 환경 예술'로 평가할 수 있는 작품도 나타났다. 숲이나 호수 또는 도시를 비롯한 여러 공간에서 행해진 새로운 음악 작품들이 나온 것이다. 이와 같이 소리 풍경 개념은 자신을 탄생시킨 서양 근대의 예술 음악 제도 자체를 변혁하였다. 그리고 그 연장선에서 '벌레 소리 듣기 모임' 같은 비서양의 여러 가지 소리 문화가 출현한다.

머레이 셰이퍼와 소리 풍경 개념

현대의 르네상스인

머레이 셰이퍼는 1933년 캐나다 온타리오 주 사니아에서 태어났다. 1977년 「현악 4중주 1번」으로 그는 캐나다 음악 협회로부터 올해의 작곡가 상을 받았고, 1980년에는 인터네셔널 아르튀르 오네게르 상을, 1987년에는 글렌 굴드 상을 받는 등 현대 캐나다를 대표하는 작곡가이다. 셰이퍼의 활동은 작곡에만 그치지 않는다. 그는 실험적 음악 교육을 시도했을 뿐만 아니라 소설,[13] 그래픽 디자인, 『E. T. A. 호프만과 음악』[14]의 출판, 음향 조각 제작 등에 이르기까지 다방면으로 활동해서 '현대의 르네상스인'으로 불린다.

작곡가로서 활동이 활발했던 것은 1960년대 이후부터이다. 이 시

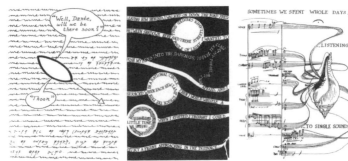

도판 2-1 | 스모크

기 작품의 특징은 전자 음악, 미디어믹스, 공간 음악,[15] 도형 악보,[16] 불확정성 등 제2차 세계대전 이후, 특히 1960년대에 일반화된 현대 음악 수법을 폭넓게 도입했다는 것이다. 에를 들면, 「디반 이 샴스 이 타브리즈」[17]라는 곡은 실제 악기 연주, 성악, 4트랙 테이프를 이용한 전자음의 미디어믹스 등으로 이루어지고, 악보는 셰이퍼가 직접 그래픽 디자인으로 그렸다. 연주자는 모두 파트 악보를 통해서 연주하는 것이 아니라, 테이프에서 나오는 전자음 이미지를 도형화한 이 디자인을 일종의 도형 악보로 파악하면서 연주해야 한다. 이러한 기법들은 1980년경까지 셰이퍼의 작품에 모두 혼연일체가 된 형태로 나타난다. 그러나 각각의 기법을 개척하고 이를 사용하는 것자체는 셰이퍼의 주된 관심이 아니었다. 오히려 음악 바깥에 기원을 둔 여러 시대와 문화의 신화나 철학 또는 현대의 심리학과 커뮤니케이션 이론 등이 작품의 기초를 이루면서 다양한 형태로 나타난다. 또한 콘서트홀용 악곡에서도 소리뿐만이 아니라 공감각적 감성을 기본으로 하는 것이 셰이퍼 작품의 특징이다.

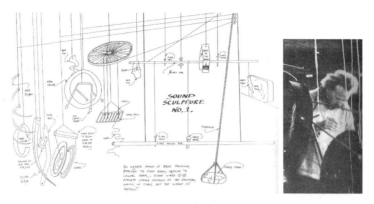

도판 2-2 | 셰이퍼의 음향 조각 스케치. 오른쪽은 음향 조각을 만드는 셰이퍼의 모습.[18]

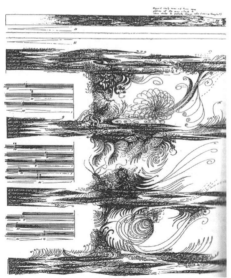

도판 2-3 | 디반 이 샴스 이 타브리즈

셰이퍼가 현대의 르네상스인으로 불리는 이유가 여기에 있다. 그의 활동은 작곡이나 음악뿐만 아니라 평론에서 그래픽 디자인에 이르기까지 기성의 틀을 자유롭게 횡단한다. 따라서 개별 영역의 활동만으로는 그를 충분히 평가할 수 없다. 그가 한 인간으로서 어떤 삶의 방식을 추구하는가라는 전체성에 비추어 보아야만 작품에 담긴 진정한 의미를 비로소 이해할 수 있다. 이런 점에서 볼 때, 반대로 셰이퍼의 작업에 대한 현대 사회의 평가가 종래의 세분화된 직능의 틀에 어떻게 기인하는지도 분명해진다.

삼라만상의 교향악

레오나르도 다빈치가 화가이자 음악가인 동시에 발명가이자 과학자인 것처럼 셰이퍼의 활동 역시 어떤 의미에서 현대의 작곡가나 예술가의 개념을 넘어서 있다. 이를 가장 분명히 보여 주는 게 소리 풍경 개념의 제창과 이를 중심으로 한 소리 환경의 조사 연구 활동이다.

셰이퍼의 활동에서 소리 풍경이라는 용어가 어느 정도 명확한 윤곽을 드러낸 것은 1969년에 낸 교육 이론서 『새로운 소리 풍경』을 통해서이다. 이 책에서 셰이퍼는 "음악이란 소리다. 콘서트홀 안팎을 불문하고 우리를 둘러싼 소리다."라는 존 케이지의 말을 여러 차례 인용한다. 그러고는 다음과 같이 선언한다.

오늘날 모든 소리는 음악의 포괄적 영역에서 끊임없는 가능성의 장을 형성한다. 새로운 오케스트라, 삼라만상의 소리에 귀를 열어라![19]

그 이듬해에 낸 『소음에 대하여』에서도 다음과 같이 말한다.

> 매력적인 우주의 심포니가 끊임없이 우리 주변에서 펼쳐지고 있다.
> 이는 세계의 소리 풍경이 들려주는 심포니이며, 우리가 그 작곡가
> 다.[20]

셰이퍼는 주변의 소리 환경 전체를 새로운 오케스트라로 파악하
고 이를 세계라는 무대에서 연주되는 가장 중요한 음악 작품으로 보
았다. 이러한 생각은 소리 풍경 개념에 대한 초기 셰이퍼 사상의 근
간을 이룬다.

소리의 세계와 음악을 지구 또는 우주의 규모로 확대해서 파악하
려 했던 셰이퍼의 사고방식은 소리 풍경 개념을 제창하기 훨씬 이전
에 이미 셰이퍼의 음악에서 여러 가지 형태로 예고되었다고 할 수 있
다. 예를 들면, 앞에서 소개한 「디반 이 샴스 이 타브리즈」는 13세기
페르시아 시인인 루미의 '신과 인간의 사랑'을 노래한 신화적 시의 제
목에서 유래했다. 또 「달빛을 위한 묘비명(Epitaph for Moonlight)」
(1969)의 주제가 인류가 달 표면에 도착함으로써 달의 신비로운 세
계가 인간의 착취 대상이 되어 버렸음을 경고하듯, 셰이퍼의 작품에
는 시적 세계가 지구적 규모로 전개되거나 우주로 확대되는 부분이
적지 않게 나타난다.

음악 교육의 새 장을 열다

소리 풍경 개념의 형성에는 이처럼 셰이퍼 개인의 독특한 세계관

이 주요 역할을 했다. 하지만 그가 속한 시대에서도 이 개념을 낳는데 중요했던 몇 가지 요인을 찾아볼 수 있다. 생태학 운동으로 대변되는 환경 전체에 대한 사회적 관심의 고조, 마셜 매클루언의 미디어 이론으로 대표되는 서양 근대의 시각 중심 문명에 대한 반성과 청각 문화의 복권 시도 등이 그 요인이다. 한편, 현대 음악 쪽에서 더 직접적 배경으로 볼 수 있는 요인으로는 존 케이지로 대표되는 예술의 환경화, 더 나아가서는 서양 근대 음악의 틀에서 벗어나려는 욕구(이 욕구는 1960년대 현대 예술에 공동으로 나타난다.)가 있다.

이러한 여러 요인들이 셰이퍼 안에서 융합되면서 소리 풍경이라는 개념을 낳았는데, 그 장(場)이 된 곳은 1965년 캐나다 밴쿠버에 신설된 사이먼 프레이저 대학교이다. 같은 밴쿠버에 있는 브리티시 콜롬비아 대학교가 전통적 학풍을 고수했던 것에 비해 이 대학교는 대학 교육에 관한 새로운 계획을 제안하고 수업 운영 방법이나 커리큘럼에서 실험적 시도들을 의욕적으로 도입했으며, 또한 학제적 연구에 중점을 두었다.

개교와 함께 사이먼 프레이저 대학교에 부임한 셰이퍼는 교육학부에 소속되었다. 당시 이 대학교 교육학부는 매클루언의 제자인 앨런 맥키넌이 주도해 예술과 과학의 전통적 경계를 허물기 위한 실험적인 학제 학부로 구상되었다. 셰이퍼 외에도 텔레비전 프로듀서, 사회 심리학자, 여러 분야의 기술자, 연극 연출가, 생물학자 등 다양한 영역의 전문가가 교육학부에 모였다. 마치 바우하우스가 되돌아온 것 같았다고 한다.[21]

이 시기에 셰이퍼는 캐나다 각지에서 실험적 음악 교육을 시도했

도판 2-4 | (왼쪽부터) 새로운 소리 풍경, 교실의 작곡가, 이어 클리닝

으며, 그 과정에서 얻은 일련의 업적은 세계적으로 높은 평가를 받았다. 예를 들면, 첫 번째로 쓴 교육서인 『교실의 작곡가』[22]에서 셰이퍼는 젊은이들이 스스로 소리를 듣고 음악을 만들어 내는, 자발적음악 창조력을 육성하고자 했다. [사이먼 프레이저 대학교에 부임하기 전인] 1964년에 선보인 「우울한 진술」[23]은 일련의 즉흥 연주로 구성되었는데, 이는 개별 연주자들이 보유한 자발적 음악성을 최대한 끌어내려 한 것으로, 음악에 대한 셰이퍼의 사고 방법을 실천하기 위해 만든 작품이다.

한편, 이 시기에 쓰인 『이어 클리닝』[24]과 『새로운 소리 풍경』은 셰이퍼의 관심이 단지 음악에 그치지 않고, 소음을 포함한 소리 환경전체로 향하고 있음을 명확하게 보여 준다. '이어 클리닝'이란 소리풍경 용어로 주변 환경의 모든 소리에 귀를 열어 가는 것을 뜻한다. 셰이퍼는 『이어 클리닝』이라는 소책자의 첫머리부터 소음을 주제로삼았다. 또한 『새로운 소리 풍경』에서는 책 전반에 걸쳐 소음으로 가득한 현대의 소리 환경, 다시 말해 새로운 소리 풍경에 현대인이 어

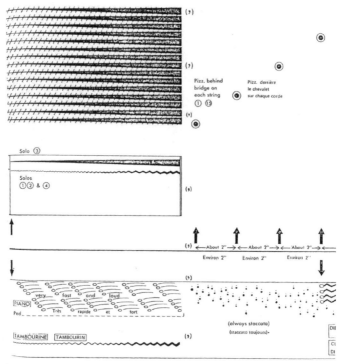

도판 2-5 | 우울한 진술. 약 3미터에 달하는 띠 모양 악보의 일부.

뗳게 대처해야 하는지를 다루었다.

소음 문제

셰이퍼가 소음 문제에 강한 관심을 품은 이유는 그 자신이 실제로 주변의 여러 소음 탓에 고민했기 때문이다. 밴쿠버에 있던 셰이퍼의 집은 항구 가까이, 주위보다 약간 높은 평지에 있어서, 수시로 어지럽게 날아다니는 엄청난 숫자의 수상 비행기 등이 내는 소음에 노출되었다. 또한 도시 소음을 벗어난 교외 버너비 언덕에 있는 사이먼 프레이저 대학교 캠퍼스에서도 심각한 소음 문제가 그를 기다렸다. 학교는 1965년에 개교했지만, 그 뒤에도 곳곳에서 공사가 진행되었다. 심지어 수업 시간에도 건물 콘크리트 공사 탓에 계속해서 소음이 배출되었다.[25]

소리 전문가였는데도 셰이퍼는 이 문제들에 대해 아무런 손도 쓰지 못한다는 사실에 안타까움을 느꼈다. 때마침 북미 서해안 지역을 중심으로 생태학 운동이 확산되면서 환경 문제에 대한 사람들 관심도 급속히 높아졌다. 당시 밴쿠버에서도 과학 공해 환경 제어 협회(Scientific Pollution and Environmental Control Society, SPEC)라는 단체가 환경 운동의 중심 역할을 수행했다. 셰이퍼는 이 단체가 주최하는 집회에 종종 참여했다.

캐나다에서는 당시 공해라고 하면 수질이나 토양, 대기 등의 오염만을 주목했고, 소음에 대해서는 별로 문제 삼지 않았다. 셰이퍼는 소음이 인간에게 미치는 피해 등에 관해 강연하는 등 소리의 측면에서도 사람들의 환경에 대한 인식을 높이려고 노력했다. 1970년에 셰이퍼는 강연 내용을 토대로 일반 시민을 위한 소음 공해 입문서 『소음에 대하여』를 자비로 출판했다.

그 이전인 1968년 사이먼 프레이저 대학교에서는 커뮤니케이션학부가 독립했다. 셰이퍼 역시 그곳으로 이직하면서, 그해 가을 학기부터 곧바로 소음 공해를 교과 과정에 처음으로 도입했다. 그는 방지 또는 규제라는 접근만으로 소리 환경 문제에 대처하는 기존의 소음 연구 방법에 한계를 느끼고, 소음 문제를 포함해서 소리 환경

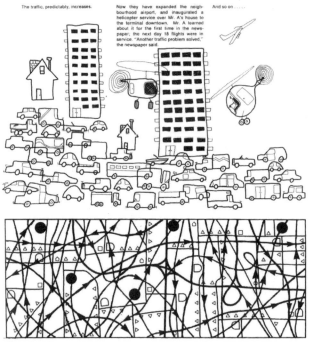

The traffic, predictably, increases.

Now they have expanded the neighbourhood airport, and inaugurated a helicopter service over Mr. A's house to the terminal downtown. Mr. A learned about it for the first time in the newspaper; the next day 18 flights were in service. "Another traffic problem solved," the newspaper said.

And so on . . . . .

◨ SCHOOL
● PARK
◠ CHURCH
⊔ LIBRARY
∧ HOUSE

도판 2-6 | 『소음에 대하여』에 실린 삽화

전체를 다루는 새로운 연구 방법론을 찾을 필요성을 느꼈다.

소리 소재의 확대에서 소리 풍경으로

소리 풍경 개념이 성립한 배경으로 더 중요한 것이 있다. 셰이퍼가 존 케이지 이후 세대에 속하는 북미 작곡가라는 점, 종래의 음악 예술이 지닌 틀을 상대화하여 서양 근대 음악의 틀에서 해방하는 것을 추구한 음악가라는 점이다. 당시 현대 예술계에서는 플럭서스의 활동으로 본격화한 '서양 근대 예술 전통의 타파'와 '예술의 환경화'라는 움직임이 확산되었다. 현대 음악에서도 그러한 움직임이 일어 났는데, 그 중심에는 '불확정성의 음악' 또는 '우연성의 음악'으로 알려진 존 케이지가 있었다.

그렇다면 서양 근대 음악의 전통이란 무엇을 뜻하는가? 또한 이를 타파한다는 것은 무슨 말인가? 이를 구체적으로 설명해 보고자 한다. 서양의 음악에서는 소리의 소재를 이른바 악음(樂音)만으로 규정한다. 악음 이외에 주변 환경에 존재하는 여러 소리들(환경음)은 비악음으로 간주함으로써 둘을 엄격하게 구별했다. '음악의 음(악음)'과 '일상의 환경음(비악음)' 사이의 두꺼운 벽은 도판 2-7에서 보듯 20세기 음악이 보여 준 여러 시도 속에서 점점 허물어졌다.

이 움직임은 제1차 세계대전 전날 밤 이탈리아에서 시작되었다. 미래파 작곡가 루이지 루솔로는 제철소, 지하철 소음, 비행기 소리 등 금세기 도시를 채색한 여러 소음을 음악 예술에 적극적으로 도입했으며, 인토나루모리(intonarumori)라는 이름의 소음 기계를 제작해 작곡과 연주 활동을 했다. 루솔로의 '소음 음악' 사상과 그 실

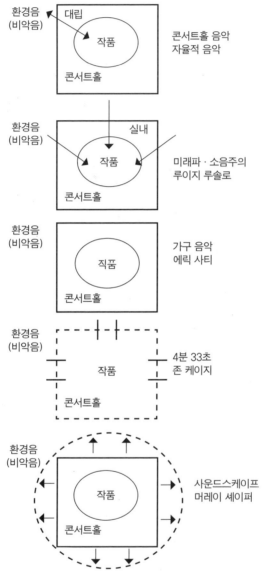

도판 2-7 | 20세기 음악사에서 나타난 '작품'과 '환경음'의 관계[26]

도판 2-8 | 인토나루모리와 루이지 루솔로[28]

천은 당시까지 이어져 내려온 악음과 소음의 대립을 뛰어넘어, 음악 작품의 소재인 소리의 본질에 대해 근본적으로 다시 질문하게 함으로써 음악사에서 주목할 만한 하나의 전환점이 되었다. 이 흐름은 제2차 세계대전 뒤에 제창된 '구체 음악'[27]으로 이어진다. 외부의 여러 가지 소리를 녹음한 후 이를 편집하거나 가공하여 작품을 만들어 내는 이 음악에서 이미 악음과 소음의 구별은 완전히 해소되었다.

한편, 에릭 사티는 이와는 다른 방법으로 음악을 일상 공간에 위치시키려 했다. 그의 시도를 가장 명확히 보여 주는 것이 사티 말년의 양식으로 간주되는 '가구 음악'[29]이다. 그는 가구 음악에 대해 이렇게 말했다.

[가구 음악은] 어떤 진동을 가리킬 뿐 다른 목적은 없다. 이는 [실내에서] 빛이나 열과 마찬가지 역할을 수행한다.

가구 음악은 비일상 공간인 콘서트홀에 틀어박힌 음악을 일상 공간 속으로 되돌리려는 시도다. 실제 작품에서는 아주 짧은 몇 소절을 끝없이 반복하는 기법이 도입되었다. 이 반복 기법을 통해 음악

도판 2-9 | 에릭 사티의 『가구의 음악』 재킷[30]

은 그 자체의 유기적 구조를 잃고 단지 음향의 연속으로서 일상 공간에 흡수된다.

　가구 음악을 통해 사티는 음악의 악음과 일상의 환경음이 함께 들리는 것을 의도했다. 이 방향으로 더 확실히 밀고 간 사람이 바로 케이지였다. 이를 가장 명확하게 보여 주는 작품이 '침묵의 평화'로 알려진 「4분 33초」[31]다. 피아니스트가 무대 위에 등장해서 4분 33초 동안 아무 연주도 하지 않는다. 그동안 청중이 듣는 것은 콘서트홀 내부의 웅성거림과 바깥에서 들려오는 소리(환경음)뿐이다. 이를 통해 케이지는 음악의 구조를 이른바 백지 상태에서 바라보게 하고, 동시에 현대 음악을 지탱하는 특수한 어떤 제도를 떠올리게 하는 데 성공했다. 서양 근대 음악의 본질이란 무엇인가, 이를 떠받치는 제도는 어떤 것인가를 날카롭게 질문한 것이다.

　이러한 흐름 속에서 셰이퍼는 20세기 음악사에서 자신의 위치를 가늠했다.

　음악을 단지 소리로 정의하는 것은 몇 년 전만 해도 상상할 수조차 없었다. 하지만 오늘날에는 음악에 대한 관습적인 정의는 받아들여

지지 않는다. 20세기 내내 음악가들의 활동을 통해서 음악에 대한 종래의 모든 정의는 조금씩 타파되었다.

오케스트라에서의 타악기 확대, 우연성 수법의 도입, 일상생활과 예술의 동질화, 구체 음악, 전자 음악 등 20세기의 흐름을 따라가면서 우리는 소리 전 영역에서 새로운 악음을 손에 넣었다. 오늘날 모든 소리는 음악의 포괄적 영역에서 끊임없는 가능성의 장을 형성한다.[32]

이처럼 셰이퍼는 현대 음악의 흐름 속에 자신의 소리 풍경 개념을 위치시킨다. 더 나아가서 셰이퍼는 소리 풍경 개념을 르네상스 이후 서양 음악의 흐름에서 나타날 수밖에 없는 필연적 전개로 생각한다. 도판 2-10에서 보듯이, 이는 르네상스 이후 서양 음악사에서 소리 소재의 점진적인 확대에 따른 필연적 귀결이라는 것이다.

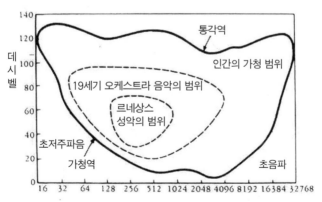

도판 2-10 | 서양 음악에 나타난 소리 소재의 확대[33]

소음 문제 또한 셰이퍼는 음악 문제와 동일한 차원으로 생각한다. 소음을 음악과는 관계없는 것으로 보고, 음악적 사고 대상에서 제외하는 것은 셰이퍼에게는 이미 불가능한 일이었다.

소음 문제에 대한 음악가로서의 책임

음악의 소재를 악음에서 모든 소리로 확대하는 것은 음악 자체를 예술의 틀에서 일상생활의 환경으로 넓혀 감을 뜻한다. 이에 대해 케이지는 다음과 같이 말했다.

> 음악을 작곡하는 목적은 무엇인가? 음악 활동은 삶에 대한 긍정이다. 이는 혼돈에서 질서를 끌어낸다든지, 창조 속에서 더 나은 기법을 내놓는 것이 아니라 그저 우리가 살아가는 생활 자체를 깨우려는 시도다.[34]

케이지 이후 세대에서 셰이퍼만큼 이 말을 깊이 이해하고 소리 풍경이라는 개념을 제창한 것을 포함해서 구체적인 창작 활동 속에서 실천한 음악가는 없을 것이다.

그러나 케이지와 셰이퍼는 사회에 대한 태도나 관점은 분명히 달랐다. 이를 보여 주는 예가 소음에 대한 셰이퍼의 태도와, 현대 사회에서 음악가의 역할에 대한 견해다. 케이지에게 소음은 어디까지나 음악 활동의 소재 또는 그 근저에 놓인 소리의 세계였다. 반면 셰이퍼는 음악가로서 소음 문제에 대해 강한 책임을 느꼈다. 셰이퍼는 "소음 공해는 인간이 소리를 주의 깊게 듣지 않을 때 생기고, 소음이란 우리가 소홀히 한 소리이다."라고 정의한 후, 소음 문제의 가장 본질적인 원인을 서양 근대인이 소리를 듣는 방식에서 찾았다.[35] 다시 말해서, 그는 현대 사회에서 소음이 범람하는 가장 근본적인 원인은, 음악으로만 편향된 채 음악 이외의 환경음 일반에 대해서는 폐쇄성을 보이는 현대인들의 청취 태도에 있다고 보았다. 그러한 청취 태도가 보편성을 얻은 것은 음악이 콘서트홀 안으로 들어가면서부터다. 음악가는 이제 오로지 콘서트홀 안의 소리에만 관심을 집중하며 바깥의 환경음에는 귀 기울이지 않는다. 이러한 의미에서 셰이퍼는 소음 문제의 책임을 음악가들에게 돌렸다.

> 오늘날 세계에 소음 공해라는 문제가 있다면, 적어도 그 원인의 일부는 음악 교육가들이 일반 시민들에게 소리 환경을 인식할 수 있도록 하는 종합 교육을 하지 않은 데에서 기인한다.[36]

따라서 '삼라만상의 소리 / 확대된 작품'이라는 소리 풍경 개념은 소리 환경 전체를 심미적 청취의 대상으로 설정함으로써 현대인의 귀를 콘서트홀 밖으로, 일상생활 속의 소리 환경으로 이끌어 내기 위한 전략으로 생겨났다. 이는 동시에 음악 활동 자체를 종래의 예술 제도로부터 끌어내 한층 광범위한 환경과 일상생활 전반으로 확대하려는 전략이라고도 할 수 있을 것이다.

그렇다면 일상의 소리 환경에는 무엇이 있을까? 셰이퍼가 사람들에게 그 존재를 확인시키고자 한 소음도 있고, 종래의 음악 개념에서는 얻을 수 없었던 또 다른 매력적인 소리들도 있다. 셰이퍼는 지금까지 음악 소리에만 귀 기울이던 사람들의 심미적 청각 활동을 확장해 사람들이 일상적 소리 환경에도 유의하도록 하려 했다. 이를 통해 사람들이 그때까지 의식하지 못했던 소음의 존재를 깨닫는 한편으로 일상의 공간에 감추어진 매력 있는 소리들을 발견하기를 기대했다. 이는 사람들이 소리를 통해 일상의 환경과 생생하고 풍부한 관계를 맺게 하려는 시도였다. 거꾸로 말하면, 본래 인간과 청각적 세계 사이의 미적 기반에 책임을 져야 하는 음악 예술가의 활동장(活動場)이 음악을 위해 재정비되고 제도화된 추상적 공간으로 제한된 것, 다시 말해 현실 사회의 소리 환경에서 떨어져 나간 것은 음악 예술이 그 내부에 안고 있는 문제의 본질이라고 생각한 것이다.

따라서 케이시가 말한 "음악 활동의 목적은 우리가 살아가는 생활 자체를 깨우려는 시도"라는 선언을 따라야 하는 사람은 바로 음악가 자신이라고 셰이퍼는 생각했다. 소리 풍경이란, 셰이퍼 자신을 포함하는 음악가들이 현실 사회의 소리 환경과 분리되어 있던 관계를 회복하기 위해 만든 개념이다. 이 개념은 또한 음악가를 포함한 현대인들이 청각 세계에서 자신을 둘러싼 현실을 정확히 바라보게 하려는 것이기도 하다.

새로운 디자인 활동을 제창하다

비서양/비근대 음악의 재발견

지금까지 살펴본 것을 근거로 하면 '소리 풍경' 개념은 지극히 현대적인 음악 사상 같은 색채를 띤다. 그러나 소리 풍경이라는 사고 방식은 실은 중세의 보이티우스나 아우구스티누스뿐만 아니라, 피타고라스 이래로 고대 그리스의 음악관에서 볼 수 있는 우주의 음악(Musica Mundana)의 흐름을 잇는 음악 사상이라는 점을 잊지 말아야 할 것이다.

피타고라스학파는 하르모니아(harmonia, 조화)라는 개념을 수의 원리와 떼어서 생각할 수 없는 것으로 보았다. 그러므로 무지카(musica)로서의 음악은 우주의 형성 원리로서, 윤리적 가치로서, 물리학적 또는 음향학적 대상으로서 커다란 의의를 갖는다. 그리고 무지카는 우주의 음악(musica mundana), 인간의 음악(musica humana), 악기의 음악(musica instrumentalis) 등 셋으로 나눌 수 있으며, 그 기본은 우주의 음악이다.[37]

우주의 음악, 즉 자연과 우주의 근원적 현상으로서 무한한 하늘의 하르모니아는 인간의 귀로는 들을 수 없는 것으로 여겨졌다. 한편, 인간 영혼의 조화 또한 일종의 음악적 상태를 뜻했다. 셰이퍼는 소리 풍경 사상을 말할 때 우주 음악의 전통에다 이슬람 수피들이 신과 합일하기 위해 제창하는 사마(samā), 인도의 음악 이론인 '아하타/아나하타' 등 비근대, 비서양의 여러 음악 사상들을 자주 언급했다.[38] 이러한 언급에는 소리 풍경 개념과 사상의 뿌리를 근대 이전의 근원적 음악 전통에서 찾으려는 태도가 엿보인다. 또한 아시아나 아프리카 등 지구상의 여러 지역과 민족에 의해 형성된 음악 문화의 다양한 모습을 적극적으로 배우려는 자세도 느껴진다.

비근대/비서양 음악 문화의 재발견은 셰이퍼가 소리 풍경 개념을

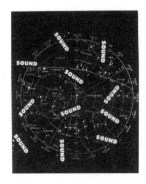

도판 2-11 | 천체의 음악[39]

만들어 낸 배경이 되었다. 이는 '서양 근대 음악의 틀에서 벗어나려는 욕구'나 '소음 문제에 대한 관심' 등과 깊은 관련이 있으며 대단히 숭요한 의미가 있다.

16세기에 들어서 천체의 음악 사상을 역동적으로 전개한 이는 독일의 천문학자인 요하네스 케플러였다. 셰이퍼는 소리 풍경에 관한 저서의 제목을 케플러와 동시대인인 영국의 사상가 로버트 플러드의 『양 우주지(兩宇宙誌)』안에 있는 삽화 '세계의 조율'로부터 따왔다. 옛날에는 신의 손으로 조율되는 지구였지만, 인류 문명이 지구의 환경 문제를 초래한 현재, 인간은 그 조율의 비결을 조금이나마 되찾으려고 노력해야 한다. 그러기 위해서는 음악을 우리를 둘러싼 세계에서 소리의 조화를 추구해 가는 행위로 재인식해야 된다는 그의 사상이 담겨있다. 그렇게 하려면 음악가는 콘서트홀을 벗어나 환경에 귀를 열어야만 한다는 것이 셰이퍼의 소리 풍경 사상과 활동이었다.

토성　　　　목성　　　　　　화성　　　　지구

금성　　　　　　　수성

현대의 기보법에서는 이렇게 된다

토성　　　　목성　　　　　　화성　　　　지구

금성　　　　　　수성　　　　수성은 이 위치로도 올 수 있다

도판 2-12 | 태양계 행성의 음 높이[40]

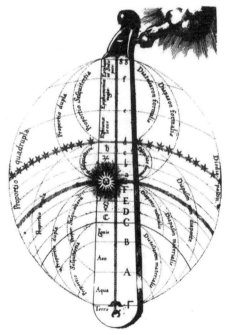

도판 2-13 | 세계의 조율

45

세계 사운드스케이프 프로젝트의 구상

지구라는 악기의 조율 비결을 찾아내고, 자신의 귀를 환경에 열어 가기 위해 셰이퍼는 소리 환경에 대한 조사 연구에 착수했다. 이를 조직적으로 추진하기 위한 조사 연구 활동의 모체로서 구상된 것이 세계 사운드스케이프 프로젝트(World Soundscape Project: WSP) 이다. 이것은 소리 풍경이라는 사고방식을 기초로 현대 사회에서 새로운 음악 활동의 틀을 모색하는 여행의 시작이었다.

WSP 구상에 관해서는 셰이퍼가 1970년 유네스코에 제출한「음향 생태학과 세계의 소리 풍경 연구」에 자세히 기록되어 있다. 활동 자금을 얻기 위해 제출한 이 자료에서 셰이퍼는 다음과 같이 제안했다.

현재 소음 공해의 대처법으로 규제라는 방법을 행하지만 이는 매우 소극적인 접근법이다. 그 대신 우리는 환경 음향학을 적극적 연구 프로그램으로 수행하는 길을 찾아야 한다.

그러고는 WSP의 주요 목적을 다섯 가지로 제시했다.

1) 여러 가지 소리 환경을 비교하면서 그것이 인간에 미치는 영향에 대한 학제적 연구를 수행한다.
2) 소리 환경을 개선하고 더 낫게 하는 방법을 제시한다.
3) 음향 생태학과 관련해 학생과 현장 연구자들을 교육한다.
4) 음향 생태학과 관련해 일반 시민을 교육한다.
5) 장래 연구를 위한 자료를 축적한다.[41]

이듬해인 1971년 캐나다의 도너 재단(Donner Foundation)에 제출한 기획서에는 이 목적을 달성하기 위한 구체적 활동 내용이 아래와 같이 제시되어 있다.

1) 각종 환경에서 일어나는 다양한 소리의 유형, 그 수나 밀도를 나타내는 소리 환경 기록.
2) 소리가 인간의 행동에 미치는 영향에 대한 조사 연구.
3) 소리의 신화적, 상징적 성격에 대한 조사 연구.
4) 공동체의 신호음으로 기능하는 소리에 대한 조사 연구.
5) 점차 사라져 가는 소리를 기록하고 수집하기.
6) 외국의 다양한 문화에서 소리 관계 자료를 모으기 위한 시청각 정보 시트의 정기적 배부.
7) 소리 환경과 관련한 라디오 프로그램 시리즈 제작.
8) 시민 단체, 정부 기관, 교육 기관을 대상으로 한 소음 공해와 음향 디자인에 대한 자료 서비스.[42]

세계 사운드스케이프 프로젝트의 활동

이러한 노력이 열매를 맺어 WSP는 1972년부터 유네스코와 캐나다 의회 등 여러 단체로부터 도움을 받았다. 당시 WSP는 책임자인 셰이퍼와 임시 조교를 중심으로 항상 연구원 네다섯 명으로 구성되었으며, 명실상부하게 다양한 활동을 왕성히 전개해 나갔다. 1972년에 먼저 캐나다에서 인구 2만 5000명 이상의 지방 자치 단체를 상대로 소음 규제 조례에 관한 설문 조사를 하였고, 그 결과를 『캐나다

도판 2-14 | 『밴쿠버의 소리 풍경』   도판 2-15 | 조사 활동하는 WSP 연구원들

의 지자체 소음 규제 조례 조사』[43]로 엮어 냈다.

WSP는 이러한 개별적 주제에 기초한 활동을 전개하는 한편, 현장 조사를 근거지이던 밴쿠버에서 캐나다 전역과 유럽 각국으로 확대해 나갔다. 1972년경부터 밴쿠버의 소리 풍경을 조사해서 정리한 이 분야 최초의 보고서 『밴쿠버의 소리 풍경』[44]을 그 활동의 대표적인 예로 들 수 있다. 1974년에 나온 이 보고서는 두 장짜리 LP 레코드로 구성되어 있다. 1973년에 WSP는 캐나다 전역을 돌며 소리 풍경 조사를 벌였고, 이듬해 그 성과를 CBS 라디오에서 '캐나다의 소리 풍경'이라는 이름으로 방송했다. 그들은 조사 결과를 방송 프로그램으로 제작하는 동시에 새로운 형태의 음악 작품으로 제출하기도 했다. 당시 토론토의 현대 음악계에서 중심 역할을 맡고 있던 음악가 그룹인 뉴 뮤직 콘서트(New Music Concerts)가 기획하는 시리즈에 출품한 것이 그것이다. 1975년에는 유럽 각지에서 현장 조사를 한 후, 그 성과를 『유럽의 소리 일기』와 『다섯 마을의 소리 풍경』[45]으로 정리해서 1977년에 출판했다.

도판 2-16 | 『유럽의 소리 일기』에서

    유럽 조사에서 돌아온 1975년 여름, 셰이퍼는 사이먼 프레이저 대학교를 떠나 온타리오 주 북부에 있는 도시인 밴크로프트의 농원으로 옮겨 거기에서 반자급자족 생활을 시작했다. 이후 셰이퍼는 WSP의 활동에 계속 출판 책임자로 참여했지만, 실질적으로는 작곡가 배리 트루액스가 연구 책임자로 그 자리를 이어받았다. 이후에도 WSP는 캐나다 국내에서 좀 더 집중 조사를 추진하려 했으나 캐나다 의

49

회의 재정 지원이 중단되면서 결국 다른 연구원들[46]도 각자 일자리를 찾아 사이먼 프레이저 대학교를 떠나갔다. 사이먼 프레이저 대학교에는 트루액스가 여전히 커뮤니케이션 학부의 교수로 남아 있지만, WSP의 활동은 전체 활동 결과를 용어집 형태로 집약해 1978년에 출간한 『음향 생태학 핸드북』[47]을 끝으로 구체적 활동 성과는 중단되었다.

'조사 현장'으로서의 소리 풍경

여기에서 강조해 두고 싶은 것은 이러한 현장 조사 활동을 통해 소리 풍경 개념 자체가 점점 다듬어지고 변화했다는 사실이다. WSP의 현장 조사 성과를 엮은 최초의 보고서인 『밴쿠버의 소리 풍경』에는 "소리 풍경이란 무엇인가? 우리는 이 용어를 통해 특정한 소리 환경을 조사 영역으로 분리할 수 있다."라고 쓰여 있다.[48] '삼라만상의 소리(확대된 작품으로서의 소리 풍경)'와 비교하면, 이때의 소리 풍경은 작품 개념이 들어 있지 않은, 소리 환경과 직접 결부된 조사 현장으로 설명된다.

소리 풍경을 조사 현장으로 의식한 경위는 다음과 같이 분석할 수 있다. 앞에서 말한 것처럼, 셰이퍼는 소음 제어(현대 사회에서 일상적 소리 환경에 대처하는 일반적인 방식)와 관련한 여러 가지 활동을 소극적 접근법이라고 보았다. 대신 "우리는 환경 음향학을 적극적 연구 프로그램으로 수행하는 길을 찾아야 한다."라고 생각했다. 한편, 현대 음악의 여러 가지 활동은 그 일부가 현대의 일상적 소리 환경에서 생겨난 관계를 되돌리려는 모색을 적극적으로 전개하지만,

아직 전반적으로 19세기 음악의 틀 속에 머물러 있다.

케이지 이후의 작곡가인 셰이퍼가 목표로 한 것은 현대의 일상적 소리 환경에서 비롯한 여러 가지 문제들을 근본적으로 해결하는 것이었다. 나아가 환경과 더 나은 관계를 맺기 위한 새로운 형태의 음악 활동과 이를 위한 틀을 모색하는 것이었다. '확대된 작품'이라는 개념을 통해 현대인의 심미적 청취 대상을 소리 환경 전체로 확대하는 데 성공했다 치더라도, '확대된 작품'을 비롯해 '새로운 오케스트라', '매력적인 우주의 심포니' 등 19세기 자율 음악의 계통에 기초를 둔 여러 개념에 기댄다는 것은 이러한 시도들이 여전히 서양 근대 음악의 틀에서 크게 벗어나지 못했음을 말해 준다. 이는 어떤 의미에서는 혁신이 아니라 오히려 종래의 음악 전통에 완전히 의존하는 것으로 볼 수 있다. 셰이퍼가 WSP를 구상하고 추진한 목적은 음악 활동의 새로운 틀을 모색하려는 목표에서 나온 것이었으며, 이 때문에 조사 현장으로서의 소리 풍경이라는 개념을 만들어 냈을 것이다.

그렇다면 WSP는 필드에서 무엇을 조사한 것일까? 『밴쿠버의 소리 풍경』에서는 다음과 같이 말한다.

소리 풍경을 분석하는 사람이 제일 먼저 해야 할 일은 소리 풍경의 개별성, 다양성 또는 지배성 등 어떤 측면에서라도 중요한 소리를 발견하는 것이다.

한편, WSP는 기조음(基調音, keynote sounds), 신호음(信號音,

Stedman Triples

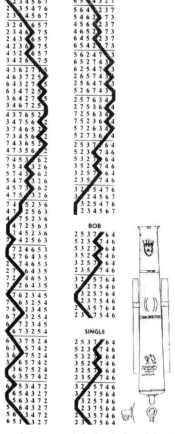

도판 2-17 | 9시의 대포와 성 로자리 교회의 종소리[50]

signals), 표식음(標識音, soundmarks)이라는 세 가지 소리 범주(이 개념들에 대해서는 제2장에서 따로 설명할 것이다.)를 설정했다.[49] 소리 풍경의 구체적인 예로는 도로의 포장 상태에 따라 각기 다른 발

소리, 기적 소리를 이용한 통신 시스템, 성 로자리 교회의 종소리를 조사하였다. 다시 말해 이 단계에서 조사 대상이 된 것은 기본적으로 도시의 소리 풍경을 구성하는 소리들이다. WSP는 처음에 조사 대상을 주로 음향으로 인식했던 것 같다.

'상호 작용의 장'으로서의 소리 풍경

『다섯 마을의 소리 풍경』에서 소리 풍경 개념은 확실하게 변화했다. 조사 현장으로서의 소리 풍경 개념에서는 소리 풍경과 소리 환경을 동일시한다. 반면 이 보고서에서 소리 풍경 개념은 소리 환경보다는 공동체와 소리 환경 사이의 상호 작용으로 인식된다.

예를 들면, 도판 2-19에서 보듯 프랑스 서부에 있는 마을인 레스코닐은 삼면이 바다로 둘러싸인 어촌이며, 태양풍으로 알려진 해풍-육풍 주기의 영향을 받는다.[51] 이 마을 사람들은 앞바다의 수면에 파도의 움직임에 맞춰 소리를 내는 명적(鳴笛) 부표를 설치하고는 하루 시간대, 기후에 따른 수면 상황, 바람 세기 등 다양한 자연 조건의 변화에 따라 다르게 들리는 부표의 울림으로부터 어업에 중요한 기후 변화를 예지하는 명확한 정보를 얻는다고 셰이퍼와 그 동료들은 확신했다. 조사원들은 바깥 세계에서 공동체 안으로 작용하는 바람과 바다의 자연음과 안에서 바깥 세계로 작용하는 마을 사람들의 특수한 청취 능력이 어우러진, 상호 작용의 장으로서 소리 풍경을 관찰했다. 또한 부표는 자연음의 변화를 한층 크게 증폭해 전한다는 점에서 바깥에서 안으로의 작용을 강화하는 것이며, 마을 사람들이 특수 부표를 제작해 생활에 운용하는 능력은 안에서 바깥

FIVE VILLAGE SOUNDSCAPES

No.4, The Music of the Environment Series
Edited by R. Murray Schafer
WORLD SOUNDSCAPE PROJECT

도판 2-18 | 『다섯 마을의 소리 풍경』

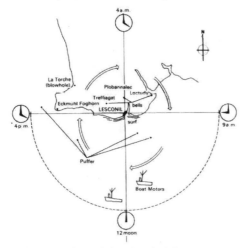

도판 2-19 | 레스코닐 마을의 소리 지평

으로의 작용이라고 해석할 수 있다.

셰이퍼와 그 동료들은 조사 현장을 근거지인 밴쿠버에서 유럽의 도시와 마을로 옮김으로써 소리 환경에 대한 각 공동체 구성원의 지각이나 인식이 자신들과 다르다는 점을 확실히 인식했다. 소리 풍경은 이제 특정 공동체 또는 그 구성원의 독특한 지각이나 인식과 떼어 놓을 수 없는 상호 작용의 장이 된 것이다.

셰이퍼와 그의 동료들은 WSP의 현장 조사 결론을 다음과 같이 내렸다.

> 우리가 단순한 소리 환경이라고 생각해도, 해당 지역 주민에게는 매우 복잡한 방법으로 이해되는 경우가 있다. '단순하다'는 환경 평가 자체는, 외부인이 그 정보에 의존하며 사는 사람과 비슷한 정도로 소리를 구별하거나 소리의 미묘한 차이를 이해하는 것이 불가능함을 나타낸다.[52]

그리고 소리 풍경을 최종적으로 다음과 같이 정의했다.

> 소리 풍경은 개인이나 특정 사회가 어떻게 지각하고 이해하고 있는가에 강조점을 둔 소리 환경이다. 따라서 소리 풍경은 개인이 그 환경과 어떠한 관계를 맺는가에 따라서 규정된다. 이 용어는 현실 환경을 뜻하는 경우도 있고, 특히 그것이 인위적 환경의 일종이라고 보이는 경우에는 음악 작품이나 테이프 몽타주와 같은 추상적 구축물을 뜻할 때도 있다.[53]

소리 풍경에서의 밸런스 개념

소리 풍경을 상호 작용의 장으로 이해하면서 셰이퍼와 그 동료들은 소리 풍경이라는 사고방식에 밸런스라는 개념을 도입했다. 그리하여 자신들이 추구하는 새로운 음악 활동에 현대 음향 세계에서 논의되는 '밸런스 시정'이라는 이념을 도입하였다. 그들은 현대 도시에서 소리 풍경의 로파이화[54]와 현대인의 폐쇄적 음향 세계를 소리와 인간의 상호 작용에서 일어난 밸런스 붕괴라는 측면에서 바라보았다.

앞에서 말한 바와 같이, 셰이퍼는 현대 사회에서 심각해진 소음 문제의 근본 원인을 심미적 청취의 대상을 음악 소리로만 한정해 온 현대인의 폐쇄적인 청각 활동에서 찾았다. 유럽 현장 조사 활동을 통해서 셰이퍼는 소음으로 가득 찬 현대의 소리 환경 자체가 현대인의 폐쇄적 청각 활동을 더욱 부추긴다고 생각했다. 교통 소음 등과 같이 음량이 많고 정보량이 적은 기계음의 증가는 주민의 감각을 망가뜨리고 사회적 상호 관계를 줄임으로써 결국 그 공동체에서 인간 소외를 만들어 낸다. 이러한 로파이화는 "어떤 레벨에서는 느슨한 청력 감퇴를, 다른 레벨에서는 주의 깊게 듣는 습관의 결핍을 가져온다." 셰이퍼는 주변 소리에 유효한 정보가 없는 만큼, 그래서 소리 정보에 의존하지 않는 만큼 청취력은 감퇴한다고 보고, 이를 소리 풍경의 밸런스 붕괴라고 말했다.[55] 그리고 붕괴된 밸런스를 시정하는 것을 자신이 추구하는 새로운 음악 활동의 이념으로 삼았다.

셰이퍼가 저서 제목을 '세계의 조율'이라고 한 것도 이 생각에 기인한다. 따라서 조율이라는 말에 특별히 주의해야 하는데, 이는 어디까지나 현대의 소리 환경에서 밸런스가 붕괴하고 있다는 위기의식에서 비롯되었기 때문이다. 소리 환경의 '밸런스를 지킨다'거나 '조화를 추구한다' 같은 말을 쓰는 경우에도 이는 종래의 음악 예술 전통에서처럼 음률이나 작가 개인의 미적 감성을 기준으로 하는 행위를 뜻하는 것이 아니라 지구 생태학적 시스템을 기준으로 하는 말이다.

음악 활동의 새로운 틀 모색

이미 말했던 바와 같이, 셰이퍼가 케이지와 확실하게 다른 점은 현대 사회에서 음악가의 역할에 대한 생각이다. 작곡가/음악가로서 셰이퍼는 현대의 음악 활동장이 현실 사회의 소리 환경에서 분리된 것에 대해 강력한 문제의식을 품었다. 그렇다면 소리 풍경이라는 새로운 사고방식을 통해 일상생활에서 실제 소리 환경에 마주했을 때, 셰이퍼는 작곡가/음악가가 무엇을 해야만 한다고 생각했을까?

다음 세대를 짊어질 새로운 음악 활동을 구상하면서 셰이퍼는 미술 영역에서 나타난 바우하우스라는 선례에 주목했다. 20세기 초 시각 예술 영역을 중심으로 디자인이라는 새로운 이념과 실천을 만들어 낸 바우하우스 운동을 참고하여 그는 청각 예술 영역에서도 어떤 변혁이 필요하다고 생각했다. 셰이퍼는 『사운드스케이프』에서 다음과 같이 말했다.

20세기의 미술 교육에서 가장 중요한 개혁은 1920년대 독일의 유명한 학교인 바우하우스에서 이루어졌다. (중략) 지금 우리는 '음향 디자인'이라고 부를 수 있는 분야를 창시하고 있다. 이는 음악가, 음향학자, 심리학자, 사회학자를 비롯한 여러 분야 사람들이 소리 환경을 개선하기 위해 모든 지식을 동원한 제안을 서로 나눔으로써 세계의 소리 풍경을 같이 연구하는 학제적 영역이다. 이 영역은 소리 풍경의 중요한 특징을 기록하고, 그 차이, 유사성, 경향을 적어 두고, 사라질 위기에 처한 소리를 수집하고, 새로운 소리가 환경 속으로 제멋대로 퍼져 나가기 이전에 그 소리가 미칠 영향을 조사하고, 소리가 인간에게 주는 풍부한 상징성을 연구하고, 다른 소리 환경에서 나타나는 인간의 행동 패턴을 연구하는데, 이들은 모두 인류의 미래 환경을 설계하는 데 이용하기 위한 것이다. 다른 문화에 근거한 사례는 세계 곳곳에서 주의 깊게 수집하고, 그 의미를 명확히 해두어야만 한다. 또한 일반 시민을 대상으로 환경음의 중요성을 교육하는 방법도 개발해야 한다. 마지막으로 세계의 소리 풍경은 우리가 제어할 수 없는 불명확한 작품인지, 아니면 우리야말로 소리 풍경에 형식과 아름다움을 부여할 책임을 진 작곡가이자 연주자인지 하는 물음을 던져야 할 것이다.[56]

이와 같이 셰이퍼는 바우하우스의 운동이 시각 예술을 중심으로 여러 학문이 제휴함으로써 이론적 뒷받침을 얻어 온 것과 같이, 음악 예술을 변혁하려면 여러 학문의 이론과 창조 활동이 통합되어야 한다고 생각했다. 그리고 거기에서 나올 새로운 활동 영역을 음향 디자인 그리고 이를 떠받칠 이론 분야를 음향 생태학이라고 불렀으며, 자신이 지향하는 새로운 음악 활동의 형태로 그들을 위치시켰다.

소리 풍경 디자인을 구상하다
그러면 셰이퍼를 비롯한 동료 작곡가들은 WSP의 활동이 끝난 뒤, 자신들이 지향하는 새로운 음악 활동의 형태로 염두에 두었던 음향

Handbook For ACOUSTIC ECOLOGY

Barry Truax, Editor
No. 5, The Music of the Environment Series
R. Murray Schafer, Series Editor
WORLD SOUNDSCAPE PROJECT

도판 2-20 | 음향 생태학 핸드북

디자인을 어떻게 받아들였을까? WSP의 활동 성과를 용어집 형태로
엮어 놓은『음향 생태학 핸드북』에서 음향 디자인 항목을 찾아보면
"소리 풍경 디자인 항목을 보시오."라고 되어 있다. 다시 말해서
WSP는 활동 최종 단계에서 음향 디자인이라는 용어를 '소리 풍경
디자인'이라는 용어로 치환했다.

소리 풍경 디자인에 대한 정의와 해설은 제3장에서 다시 언급하
겠지만, 여기에서는 먼저 WSP 활동이 실로 다양한 차원으로 이루어
졌음을 말해 두고 싶다. 예를 들면, 그들의 활동에는 소음 규제와 작
곡 활동이 같이 들어 있다. 그렇다고 작곡 활동의 의미를 소음 규제
차원으로 끌어내리는(혹은 그 반대의) 것은 결코 아니다. 둘 다 소리
풍경 디자인이라는 광범위한 틀 속에 포함되었지만, 각각의 개별 영
역도 가지고 있다. 그러나 둘이 동시에 소리 풍경 디자인이라는 틀
에 편입될 때에는 예술을 위한 작곡이라든지 소음에 대한 대처 차
원이 아니라 현대 사회를 둘러싼 환경과 문화의 문제를 직시하고,
환경과 인간의 전체적 관계에 눈을 돌리는 더 본질적이고 적극적인

의의를 갖게 된다.

한편, 소리 풍경 디자이너가 해야 할 당면 과제로는 옛날 그대로
의 소리가 점점 사라져 가는 상황에서 한 공동체의 소리 풍경이 가
진 독자적 성격을 보존하는 일이다. 즉, 오랜 역사를 통해 형성되어
온 유명한 교회의 종소리나 시계탑의 소리 같은 표식음을 그 중요
성을 검토하여 적절히 보존하는 것이다. 또한 횡단보도의 신호음, 전
화벨, 자동차 경적 등 현대의 소리 풍경을 형성하는 다양한 신호음
을 그 사회나 문화가 가진 특성을 고려하면서 좀 더 적절하게 개량
하는 것 등을 들 수 있다.

물론 셰이퍼는 소리 풍경 디자인이 이처럼 개별적이고 현실적인
활동만으로 한정되는 일은 결코 아니라고 했다. 각각의 일은 더 큰
미적 구상에 의해 뒷받침된다는 점을 강조했다.

현실의 수정 작업을 위한 시간이 필요하다면, 유토피아를 향해 상
상력을 날아오르게 하는 시간도 필요하다. 이러한 꿈이 현실화되느
냐 마느냐는 전혀 문제되지 않는다. 이런 꿈은 정신을 고양하고 마
음에 고귀함을 안겨 준다는 것이 중요하다.[57]

소리 풍경 디자인에는 현대 사회에서 음악 활동의 본질, 나아가
예술 활동의 본질을 생각하게 하는 면이 있다. 소리 풍경 디자인과
이를 지탱하는 창작 이념은 종래의 서양 근대 음악 제도를 지향하
기보다는 인간 생활과 더 광범위한 사회 전체를 지향하는 새로운 음
악 활동이 있음을 확실히 보여 주기 때문이다. 트루액스는 WSP 조

직 전체의 결론 중 하나로 이렇게 말했다.

과학 기술로 말미암은 소리 환경의 황폐화라는 위기에 직면해서 사
회 안에서 음악가로서 또 현명한 한 개인으로서 자기 보존의 뜻을
다시 생각해 보아야 한다.[58]

황폐해진 소리 환경에 직면한 작곡가에게 그 시정을 지향하는 창
작 활동과 생태학적 연구 실천은 종이 한 장 차이이다. 게다가 이 일
은 현대를 사는 음악가, 예술가, 나아가 한 개인으로서 마땅히 품어
야 할 새로운 사명이라고 생각한 것이다.

소리 환경 예술의 지평

콘서트홀에서의 탈출

1996년 7월, 다케미쓰 도루의 감수로 열린 제20회 '산토리홀 국제
작곡 위촉 시리즈'(이 행사가 마지막이 되었다.)를 위해 일본을 방문
한 셰이퍼는 다음과 같은 메시지를 남겼다.

도시의 청중은 콘서트홀의 존재를 당연하게 여깁니다. 그러나 콘서
트홀은 실제로 아주 최근에 만들어진 것입니다. 현재 지구상 대부
분의 문화에서 음악은 아직도 콘서트홀 바깥에서 대부분 연주되고
있습니다. 콘서트홀을 발명함으로써 그 바깥에 있는 소리와 안에 있

는 소리 사이에는 벽이 생겼습니다. 홀 안쪽의 소리는 더 고상한 것으로 여겨지는 반면, 바깥의 소리는 무시되었습니다. 다시 말해 콘서트홀의 발명과 소음 공해에 대한 인식은 역사적으로는 같은 시기에 일어났다고도 할 수 있습니다.

'소음이란 귀에 들려도 무시하라고 배웠던 소리'라는 정의도 콘서트홀의 탄생과 연관이 있습니다. 콘서트홀은 세상의 모든 소리를 두 구획으로 나누어 버렸습니다. 하나는 경의에 가득한 정숙함 속에서 칭찬받는, 귀중하고 기분 좋은 소리를 모은 음악의 세계이고, 하나는 귀중하지도 기분 좋지도 않은 홀 바깥의 소리 세계입니다. 그리고 이처럼 소리를 두 가지 세계로 나누는 것은 우리에게 결국 불이익을 초래한다는 사실이 이제야 겨우 인식되었습니다. 저는 콘서트 음악을 굉장히 사랑합니다. 계속 작품도 씁니다. 그러나 제가 정말로 열의를 쏟는 것은 음악과 우리 삶을 둘러싼 모든 소리가 더욱 효과적으로 하나가 될 수 있도록 환경 속으로 음악을 되돌리는 작업입니다. 음악을 음향 생태학에 유용하게 이용하는 시도야말로 제가 지금 가장 흥미를 품은 분야입니다.[59]

셰이퍼는 WSP 활동 이후, 특히 1980년 무렵부터 자연계 그외의 새로운 환경의 콘텍스트 속에서 작품 창작에 정력적으로 뛰어든다. 그는 사람의 귀에는 이미 들리지 않는 음악이 되어 버린, 자연과 우주의 근원적 현상으로서 천공의 하르모니아에 귀를 열자고 주장했다. 그는 삼라만상의 소리로서의 소리 풍경에 단지 귀 기울이자고 외치는 개념 예술(conceptual art)[60] 단계에 머무르지 않았다. 실제 소리 환경을 조사 연구하는 활동을 전개한 것도 마찬가지로 그런 작품 활동에서 확연한 형태를 갖게 된다.

셰이퍼의 작품 활동에서 소리 풍경 개념은 서양 근대 예술 음악 제도에 대한 안티테제로 위치해 있다. 또한 그것은 콘서트홀 음악 제도에 대한 도전이라는 구체적인 형태로 전개되었다. 예를 들면, 1980년에 발표한 「야생의 호수를 위한 음악」은 당시 그가 살던 농원 옆 숲속에 있는 작은 호수를 위해 만든, 트롬본 열둘로 구성된 작품이다. 또한 1996년에 발표한 「마법의 숲」은 저녁 무렵부터 한밤중까지 실제로 숲속 여기저기를 이동하면서 만든 시어터 피스[61]다.

도판 2-21 | 「마법의 숲」 광고 전단

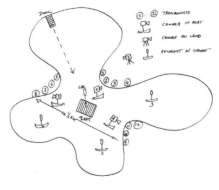

도판 2-22 | 「야생의 호수를 위한 음악」[62]

이 작품들은 20세기 예술 음악의 한 흐름이 마지막으로 도달한 소리 풍경이라는 사고방식에서 생겨난 새로운 형태와 원리를 갖춘 음악 작품이다. 「별의 여왕」과 「달을 물려받은 늑대」를 통해 셰이퍼의 새로운 작품 활동을 고찰해 보자.

「별의 여왕」

1981년에 발표한 「별의 여왕」은 별의 여왕과 늑대 그리고 호수 밑에 사는 괴수에 대한 캐나다 인디언의 신화에 기초해 셰이퍼가 창작한 것이다. 도판 2-24에서 보듯 호수 주변에는 타악기와 관악기 중심의 악기와 가수가 배치되고, 작품이 시작하면 주인공들이 호수 위에서 카누를 타면서 연주하는 오페라다. 1981년 9월 26일과 27일 이틀에 걸쳐 초연했는데, 토론토에서 자동차로 약 40분 거리에 있는 하트 호수에서 새벽에 열렸다.[63]

오페라는 별에서 떨어진 여왕이 상처를 입고 숲속을 헤매는 장면으로부터 시작한다. 새벽녘부터 찾아온 청중이 앉은 호숫가는 아직 어둑어둑하고, 희미하게 밝아 오는 아침 공기를 타고 호수 반대편 숲속에서 여왕의 소프라노 음률이 아침 안개와 함께 들려온다. 어둠 속에서 아침 햇살이 서서히 밝아 온다. 실제로 숲속 주변에 사는 새들이 지저귀기 시작할 때쯤 오페라에서도 새벽의 새들이 등장하고, 진짜 태양이 떠오를 때에 맞추어 태양신이 등장한다. 자연의 순환과 깊이 관계하면서 내용이 전개되는 이 작품은 상당히 주도면밀하게 구성되어 있다.

「별의 여왕」과 종래 콘서트홀 음악의 근본적인 차이를 작품의 시

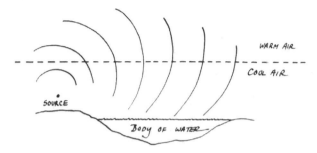

도판 2-23 | 수면에서 소리의 전달 방식[64]

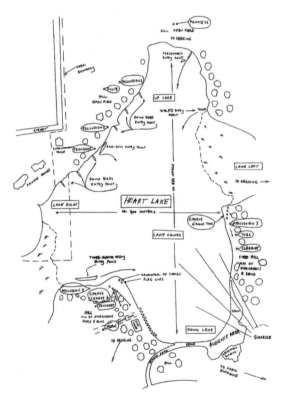

도판 2-24 | 「별의 여왕」이 상연된 하트 호수의 배치도

공간 구조를 구분함으로써 고찰하면 다음과 같다. 「별의 여왕」은 음악 활동의 장을 콘서트홀이라는 추상적 공간에서 하트 호수라는 현실 속의 공간으로 옮겨온다. 그럼으로써 종래의 음악에는 존재하지 않았던 다양한 음향적 특성을 보여 준다. 예를 들면, 호숫가 숲속에서부터 호수 면을 타고 울려 퍼지는 서두의 아름다운 아리아 음색은 콘서트홀 공간에서는 결코 실현될 수 없는 것이다. 「별의 여왕」에서는 하트 호수 주변의 반향 효과, 숲속 나무의 종류나 밀도에 따른 잔향 시간, 바람이나 기온 등의 공기 상태가 소리 전달 방식이나 울림의 특성을 결정짓는 중요한 요소가 된다. 동시에 이 요소가 작품 속에서 효과적으로 살려지도록 악기 등의 음원 배치나 연주하는 곡의 속도, 프레이즈와 프레이즈 사이의 공간 확보 등이 신중하게 계산되어 있다.

이처럼 「별의 여왕」이라는 작품의 내용은 하트 호수와 그 주위의 독특한 음장[音場]과 불가분의 관계에 있다. 다시 말해 소리의 소재는 측정할 수 있는 인공의 소리[65]인 악음(호수 주변에 배치된 호른이나 트롬본의 소리)뿐만 아니라 바람과 비, 새소리와 같은 다양한 자연의 소리를 모두 합한 것이다. 더욱이 호수 위의 공기를 가르는 목소리와 악기의 울림은 자연계의 음장에서 만들어진 것이며, 이런 뜻에서 볼 때 인공의 소리와 자연의 소리를 구별하는 것 자체가 무의미하게 된다.

다음으로 시간에 대해 생각해 보자. 「별의 여왕」은 1981년 9월 26일 하트 호수에서 일출 시간에 맞춰 상연되었다. 이는 음악의 시간대를 종래 콘서트홀 음악이 주로 열리는 밤에서 아침으로 옮겼다는

譜例 1 〈王女のアリア〉の冒頭　○内の数字は曲の開始からの経過秒数

도판 2-25 |「별의 여왕」악보

것 이상의 의미가 있다. 일반적으로 콘서트가 열리는 시간대는 청중인 도시 생활자가 일에서 해방된 후이다. 이는 콘서트홀 음악을 지탱해 온 근대 시민 사회의 구조에서 원인을 찾을 수 있다.

　이에 비해 새벽은 지구라는 한 행성의 순환에 뿌리내려 서식하는 모든 생명체에게 중요한 의미가 있는 시간이다. 새벽이 열리는 시각은 각 지역이 지구상의 어느 곳에 자리하는가에 따라 결정되며, 또한 계절에 따라서도 크게 다르다. 다시 말해「별의 여왕」의 시작 시간은 인류라는 생물의 역사가 탄생시킨 정말 짧은 시간, 그것도 제한된 사회 제도 속에서 결정된 것이 아니다. 일출이라는 태곳적부터 이어지는 지구의 순환, 하트 호수라는 장소, 상연되는 계절과 날짜에서 필연적으로 결정된 것이다.

　「별의 여왕」은 근대 서양 문명에서는 오직 예술이라는 인간의 미적 활동으로 위치해 있는 음악을 지구 또는 우주라는 훨씬 큰 틀 속으로 다시 받아들이려는 시도다. 그럼으로써 음악 활동과 삼라만상의 순환 사이의 관계를 회복하는 귀중한 계기를 제공한다. 더 나아가서 이 변혁은 개개인의 인간을 초월한 곳에서 이루어질 뿐만 아니라, 연주자나 청중으로 이 작품에 참여한 사람들의 생리 리듬 등의 내적 상태가 저녁과 새벽에 다른 것처럼 살아 있는 인간을 통해 실현된다.

「달을 물려받은 늑대」

「달을 물려받은 늑대」는 기본적으로는 같은 사람들이 1987년부터 지금까지 해마다 온타리오에 있는 원시림을 찾아 일주일간 연주하는 작품이다. 처음 연주한 해에는 다섯 명으로 시작했으며, 다음 해에는 열여섯 명, 그다음 해에는 열여덟 명으로 점점 참가자가 늘어났다. 장소도 도판 2-26에서 보듯이, 핼리버튼 야생 보호구 숲에 정착한 것은 1991년이었다. 그다음 해부터는 연주 시기도 8월 셋째 주로 고정되었다. 이 음악 캠프는 자체가 몇 가지 프로그램을 가진 작품으로 구성된 프로젝트이다.

프로그램 개요는 다음과 같다. 참가자는 우선 씨족(clan)이라 불리는 모둠으로 나뉘고, 모둠별로 각각 다른 지점에서 캠프 활동을 한다. 아침에는 구성원 중 한 사람이 만든 「아침의 노래」가 호수에 울려 퍼지는 것을 들으면서 잠에서 깨며, 아침 식사를 하기 전까지는 아무 말도 하지 않는다. 식사 뒤에는 각 씨족별로 노래나 춤 연습을 하고, 필요한 가면이나 의상을 만들거나, 캠프 지역 중심에 있는 생명의 고리라 불리는 장소를 장식하거나, 숲에서 명상을 하며 보내

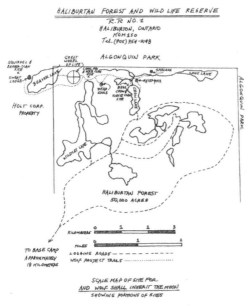

도판 2-26 | 「달을 물려받은 늑대」가 열린 장소의 지도[66]

기도 한다. 밤이 되면 캠프파이어 장소에 모여 제각기 노래와 춤을
보여 주거나 대지에 메시지를 보낸다. 밤이 깊어 「밤의 노래」가 들
려오면 잠자리에 들기도 하지만, 다시 아무 말도 하지 않고 숲에 귀
를 기울인다. 그리고 마지막 날에는 모든 그룹이 한자리에 모여 각
씨족에서 한 일을 보여 준다.

이와 같이 이 프로젝트에서는 캠프 운영, 식사, 노래 만들기, 가면
과 의상 만들기 등 일주일간 함께 살면서 활동하는 것 모두가 작품
의 중요한 내용이 된다. 해를 거듭할수록 참가자는 지난해의 경험을
살려 여러 가지 궁리도 하고 캠프에 익숙해지기 때문에 실제로 작

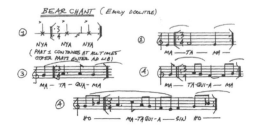

도판 2-27 | 「달을 물려받은 늑대」에서 사용된 곡의 악보[67]

품 내용도 조금씩 변화해 간다. 참가자 전원이 청중 겸 연주자가 되기도 하고, 때로는 작곡가가 되기도 한다. 셰이퍼의 말을 빌리면 "여기에서 듣는 음악에는 숲의 소리와 대지의 숨 쉬는 소리까지도 포함한다."[68]

「달을 물려받은 늑대」에서는 「별의 여왕」에서 보여 준 몇 가지 특징이 한층 명확한 형태로 전개된다. 예를 들면, 이른바 음악 활동뿐만 아니라 춤과 의상, 식사까지도 포함하는 프로젝트 내용은, 오감으로 따로 떨어졌던 근대 예술의 틀에서는 도저히 받아들일 수 없

도판 2-28 | 「달을 물려받은 늑대」의 광고 전단

는 것이 명확하다. 이를 음악 활동의 전신 감각화라고 한다면, 그것
은 이미 「별의 여왕」에서 실현되었다. 그날 하트 호수에서는 숲의 향
기, 차가운 아침 공기, 어둠 속에서 점점 밝아 오는 햇살의 변화, 비
와 바람 등 여러 가지 감각에 대한 다양한 자극이 작품의 중요한 요
소가 되었다. 게다가 호반을 꽉 채운 긴장감과 주변에 떠도는 독특
한 분위기 등 모든 것이 중요한 의미를 띠었다.

　「달을 물려받은 늑대」는 일주일에 걸친 숲속 생활 자체를 작품화
한다는 극히 명확한 형태로 진행된다. 이 프로젝트는 작곡가나 음악
가의 자기표현을 위한 것이 아니다. 일주일 동안의 숲속 생활 참가

자들을 얼마나 감성적으로 풍요롭게 할 것인가, 주변 환경과 어떻게 더 풍부한 소통을 할 수 있을까 등의 목적을 위해 만든 것이라 할 수 있다. 이런 뜻에서 작품 내용은 근대 서양의 예술이나 음악과 같은 제도를 훨씬 뛰어넘는다. 그래서 셰이퍼는 이 프로젝트에 대해 작품이나 음악 같은 용어가 아닌 의식(儀式)이라는 단어를 사용한다.

소리의 차경

두 프로젝트에는 매우 흥미로운 점이 하나 있다. 「별의 여왕」에서 인공의 소리와 자연의 소리 사이의 관계 또는 「달을 물려받은 늑대」에서 인위의 작품과 자연계 사이의 관계를 둘러싼 것으로서, 이는 일본 정원에서 나타나는 차경(借景, 먼 산 따위의 경치를 정원의 일부처럼 이용하는 일)의 수법을 떠올리게 한다.

예를 들면, 「별의 여왕」에서 셰이퍼가 하트 호수 주변의 자연음을 배치하는 것이나 음장의 특성을 주도면밀하게 검토하면서 작품의 구조나 내용을 결정하는 과정은 정확히 정원사가 정원과 외부의 경관이 잘 어울리도록 수목의 종류나 크기를 결정하는 방식과 닮은 데가 있다.

정원 꾸미기에서 산이나 바다를 차경 정원을 통해 보는 경우와 정원을 통하지 않고 보는 경우에 보이는 풍경이 다르다. 보통 일상 풍경을 구성하는 한 요소로서 아무 생각 없이 바라보던 산도 차경 정원이라는 미적 장식을 통해 보면 어느새 그 능선의 기복이나 산의 색조 등이 다양하고 미묘한 의미를 띤다. 이처럼 같은 산인데도 보이는 방식이 다른 것은 산을 바라보는 주체의 관점이 달라지기 때문일 것이다.

이와 같은 것이 「별의 여왕」에서는 청각의 영역에서 실현된다. 사실, 나 자신도 「별의 여왕」 초연 자리에 설 기회가 있었는데, 그날 하트 호수에서는 잔물결, 바람에 흔들거리는 나무 소리, 벌레 소리, 새들의 지저귐 등 자연계의 여러 소리가 너무나 똑똑히 들려와 보통 때와 다른 미묘하고 심원한 음색으로 들려왔다. 나를 포함해서 호수 위의 오페라를 감상하러 온 청중의 귀는 기본적으로 시종 심미적이었고 또한 그 귀는 그대로 자연을 향해 열려 있었다. 그곳에서는 다양한 자연의 소리가 「별의 여왕」이라는 일종의 청각적/미적 장치를 통해 수용되고 작품의 콘텍스트 속에 위치함으로써 새로운 의미를 띨 수 있었다.

중요한 것은 셰이퍼가 「별의 여왕」이라는 창작 활동에서 최종적으로 만들어 내려고 한 것이 악음을 소재로 선율과 화성을 통합함으로써 구축한 소리가 아니라, 그날 하트 호수에서 실현된 이른바 미적 상황이라는 점이다. 다시 말해 종래의 음악 예술 전통에서는 소리의 구축물인 음악 작품이 창작 대상이었다. 이에 비해 「별의 여왕」에서는 작품의 성립 기반이 되는 사회(환경적 콘텍스트)가 창작 활동의 대상으로 인식된다. 「달을 물려받은 늑대」에서 셰이퍼가 프로젝트의 기본 개념이나 틀은 자신이 창작하면서도 그 안에서 실제 사용하는 노래나 춤을 비롯해 그 밖의 것에 대해서는 참가자들에게 맡긴다는 사실은 이러한 점을 한층 명확히 보여 준다.

지금까지 음악 작품은 작곡가 개인의 창조력에서 나온다고 여겼다. 반면에 셰이퍼는 오히려 작품에서 토지나 환경 자체에 축적된

도판 2-29 | 「별의 여왕」이 초연되던 날

자원 또는 자연계 그 자체에 담긴 창조력(「달을 물려받은 늑대」에서
는 참가자들의 창조력도 포함된다.)을 끌어내 이를 청중이 향수하고
나눌 수 있는 상황을 만드는 것을 창작 활동의 목적으로 삼았다. 이
는 작품에서 창작기로서 셰이퍼의 역할이 종래 작곡가의 역할과는
다름을 시사한다.

소리 풍경 디자인으로서의 작곡 활동

셰이퍼가 이러한 작품을 창작할 수 있었던 것은 소리 풍경이라는
사고방식과, 이를 기초로 한 소리 풍경 디자인이라는 새로운 활동
이념 덕분이다. 소리의 차경 원리는, 셰이퍼가 소리 풍경 개념을 최
초로 발상하면서 이를 확대된 음악 작품으로 위치시키고 이 이미지
를 콘서트홀 바깥 세계로 넓혀 감으로써 사람들의 미적 감성을 현
실의 소리 환경으로 열어 가고자 하는 원리와 같다. 그러나 『새로운
소리 풍경』과 같은 책에서는 이러한 원리가 언어 수준의 이미지를
통해 실현되는 데 그쳤다. 이에 비해서 「별의 여왕」이나 「달을 물려
받은 늑대」와 같은 프로젝트에서는 실제 시간과 공간 그리고 이를

체험하는 사람들의 신체를 통해서 그 원리가 실현되었다. 이 차이는 중요하다.

이처럼 생각해 보면, 「별의 여왕」이든 「달을 물려받은 늑대」든 프로젝트의 최종 목적은 각 작품을 미적으로 인터페이스화하고 사람들의 감성과 신체를 그 자리의 현실 환경에 다가가게 하는 데 있음이 명확해진다.

이미 고찰한 것처럼 WSP의 활동이 종료된 뒤 소리 풍경이라는 용어의 최종 정의에는 음악 작품이 들어가 있었다. 또 제3장에서 다시 고찰하겠지만, 소리 풍경 디자인 구상에서도 셰이퍼는 "[소리 풍경 디자인은] 실제로 소리 환경 창작도 포함하며, 이 점에서 현대 음악 작곡과 연속성이 있는 영역"이라고 생각했다.

여기에서 셰이퍼는 음악 활동 본래의 기능은 자연계와 우주라는 환경 전체와 인간 사이에 활발한 교류가 가능하도록 하는 것, 인간과 환경 사이에 풍부한 감성이 발동되는 미적 인터페이스를 설정하는 것이라고 생각했을 것이다. 그리고 그 같은 것을 목적으로 하는 창작 활동은 작곡이나 예술이라는 말보다는 디자인이라는 한층 광범위한 말로 표현하는 편이 더 어울린다고 생각했는지도 모른다.

따라서 WSP 활동 이후 셰이퍼는 자신이 지향하는 새로운 음악 활동의 틀로서 소리 풍경 디자인을 제창했으며, 그러한 실천이 따르지 않는 과거의 작곡 활동으로 되돌아가지는 않았다. 오히려 자신의 작곡 활동을 소리 풍경 디자인의 연장선 위에서 받아들일 수 있었고, 여기에서 음악을 음향 생태학에 유용하게 쓸 수 있다는 새로운 창작 이념을 찾아냈다고 해석할 수 있다.

환경 예술로서의 소리 풍경

그러나 현대 예술의 다양한 움직임 중에서도 소리 풍경의 사고방식과 이에 기초를 둔 작품과 서로 호응하는 움직임을 찾을 수 있다. 환경 예술은 바로 그러한 움직임이다. 환경 예술은 혼돈스러운 현대 예술을 둘러싼 상황에서 작가의 감정 표현을 창작의 목적으로 하는 근대 예술과는 다른 방향성을 명확히 내세운다. 예를 들면, 대지 예술로 잘 알려진 크리스토의 작품은 오브제로서 영원히 존재하는 것을 목적으로 하지 않는다. 작가는 도시 공공 공간의 중요한 랜드 마크가 되는 건물이나 다리 같은 구축물 등을 일시적으로 포장함으로써 거기에 사는 사람들의 의식이 일상 공간에서 다양한 형태로 각성되어 가는 것을 목적으로 한다. 이처럼 환경 예술이란 작품과 예술 행위를 통해 인간과 주변 환경 사이에 적극적이고 새로운 관계를 만들어 내려는 것이다.

환경 예술의 사고방식은 근대 예술이 규범화해 온 것과는 명확하게 다른 것으로 전시회장이나 미술관으로 상징되는 기성의 미술 제도를 뛰어넘어 새로운 유형의 예술로 자리 잡을 수 있었다. 근대 예술 작품은 자기 완결적인, 꽉 닫힌 자율적 존재로 여겨졌다. 이에 비해 환경 예술은 작품과 관련된 현실의 환경에 항상 열려 있으며, 작품을 통해 참가자인 감상자가 환경과 관계하는 방식을 변화시키지 않으면 성립할 수 없다.

음악에서도 '환경 음악'이라는 말이 있지만, 배경 음악(BGM)이나 이지리스닝(easy listening)과 같은, 일상생활과 함께하는 응용 예술적 음악을 뜻하는 경우가 많다. 여기에서 말하는 '환경 예술로서

의 음악'이란 그와는 달리 음악을 통해서 사람들이 환경을 훨씬 적
극적으로 바라볼 수 있는 새로운 관계를 맺게 하려는 것이다. 환경
음악이라는 용어에 본래 환경 예술로서의 음악까지 포함해도 좋을
것이다. 그러나 음악 미학자인 쓰스무 쇼노는 그 의미를 명확히 하
려고 BGM 같은 기능주의적 환경 음악은 '환경으로서의 음악'으로,
환경 예술적인 음악은 '환경으로의 음악'이라고 구분해서 말하기도
했다.[69]

이러한 의미에서 셰이퍼의 소리 풍경 사상과 이에 기초를 둔 작품
은 환경으로의 음악이며, 현대 예술 전체의 흐름에서 본다면 환경
예술에 속한다.

소리를 둘러싼 새로운 예술의 지평

이와 같은 환경 예술적 태도로 소리를 둘러싼 활동을 전개하는 현
대의 아티스트로는 셰이퍼만 있는 것이 아니다. 예를 들면, 존 케이
지가 했던 일련의 활동은 1960년대 이후 환경 예술을 촉진한 중요
한 활동이었다.

특히 1970년대 이후에는 소리를 소재로 다양한 유형의 활동을 하
는 아티스트들을 볼 수 있다. 앨빈 루시어는 「긴 철사의 음악」(1979)
에서 약 25미터 정도의 철사를 미국 커스텀 하우스의 원형 홀을 관
통해서 걸어 놓고 정현파 발진기로 진동을 보낼 수 있게 설치한 후,
그 철사가 놓인 공간 자체의 특성을 철사 진동의 미묘한 변화를 통
해 들을 수 있도록 했다. 또한 맥스 이스틀리도 소리를 내는 도구나
설치물을 고안했다. 그는 자신이 만든 도구를 바닷가에 세워 바람을

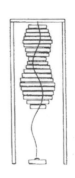

Metallophone

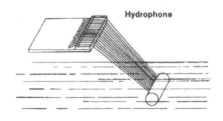

Hydrophone

도판 2-30 | 이스틀리가 고안한 소리를 내는 도구[70]

맞히거나 강 가운데 설치해 물의 흐름을 받아 소리를 내게 했다. 이 때 기본적으로 작품의 목적은 자연의 힘을 잘 이끌어 내고 이를 소리로써 느낄 수 있도록 하는 것이다.

빌 버큰과 메리 버큰 부부도 같은 원리를 이용한 작품을 제작하는데, 이스틀리에 비해 규모가 큰 것이 많다. 예를 들면, 뉴욕의 세계무역센터 빌딩 근처 해안에 설치한 「바람의 안테나」는 직경 2.4미터의 우산에 달린 스테인리스 현 60줄이 바람에 공진하면서 울리는 것으로, 소리는 바람 세기나 방향에 따라 다양하게 변한다. 또 피터 리처즈의 「파도 오르간」은 샌프란시스코 해안에 설치한 토목 설치물이다. 바다 속까지 늘여 놓은 전성관(傳聲管) 같은 파이프 몇 개를 통해 물속의 소리나 파이프를 때리는 파도 소리를 들을 수 있다. 파이프의 두께나 길이에 따라 같은 파도의 소리도 다르게 들리며, 간만의 차에 따라서도 소리가 변한다. 듣는 사람의 귀는 해류의 리듬과 이를 만드는 지구의 움직임에 유혹된다.

도판 2-31 | 「바람의 안테나」　　도판 2-32 | 「파도 오르간」

도판 2-33 | 「타임스스퀘어」(1977)　　도판 2-34 | 「해를 맞는 공간」

　한편, 맥스 노이하우스의 「타임스스퀘어」는 뉴욕 맨해튼 타임스
스퀘어의 지하철 배기관 속에 음향 발생 박스 몇 개를 배치한 설치
물이다. 도시의 소음 속에서 문득 나타나는 인공적인 소리를 동기로
뉴욕이라는 도시의 실태에 대해 사람들의 의식을 일깨우고자 한 작
품이다.

소리를 매개로 한 환경 예술에 정보화 시대의 테크놀로지, 새로운 통신 네트워크의 발상을 도입한 것은 빌 폰타나가 만든 '소리 재배치(sound relocation)'를 원리로 한 일련의 작품이다. 노르망디 해전 50주년 기념행사의 일환으로 열린 「개선문」이라는 프로젝트에서는 파리의 개선문에 스피커 수십 대를 달고 그곳에서 노르망디 해안의 파도 소리를 실시간으로 전송해 들려주었다. 폰타나는 그 밖에도 교토와 쾰른 거리의 소리를 서로 실시간으로 보내는 프로젝트 등도 수행했다. 이는 각각의 현실 환경에 대한 의식화뿐만 아니라 통신 네트워크에 갇힌 현대에서 다층화된 지구 소리 환경에 대한 의식화를 목표로 한 시도다.

일본의 작가로는 스즈키 아키오가 있다. 그는 1988년 추분에 교토 근처에 있는 단고의 산 속에서 「해를 맞는 공간」이라는 소리 프로젝트를 추진하는 등 주목할 만한 활동을 했다.

어느 쪽이든 환경 예술에서 중요한 것은 작품을 통해 환경과 자신을 어떻게 연결하는가 하는 점이다. 그리고 최근에는 이 같은 방향이 환경 예술이라는 틀을 넘어 현대 사회에서 예술의 전개 방법에도 영향을 미친다고 생각한다.

예를 들면, 도쿄 아오야마 주변에서 열린 '물의 파문전'71과 '모르페 96'72 등에서는 각종 아트 오브제와 설치물이 도시의 다양한 공간에 설치되었고, 감상자들은 그 주변 거리를 걸으며 발견해 가는 방법이 시도되었다. 각각 독자적 주제를 가진 이 프로젝트들이 공동으로 문제화한 것은, 오브제로서의 아트 작품이 가진 가치도 만만치 않지만 이 작품이 계기가 되어 도시의 일상에 감추어졌던 재미있는 디테일들이 눈에 드러난다는 점이다. 다시 말해 이 프로젝트들의 의의는 작품이라는 감성 필터를 도시에 설치하는 것이고 무엇에, 어떻게 눈을 뜨는가 하는 문제는 참가자인 감상자들이 각기 달라도 상관없다.

이러한 시도에는 셰이퍼의 「달을 물려받은 늑대」와 묘하게 상응하는 점이 있다. 공간적으로 보면 한쪽은 캐나다 숲속, 다른 한쪽은 도쿄의 시가지라는 점에서 전혀 다르지만, 두 프로젝트에서 공통적으로 중요한 점은 실제의 땅이며 사람들의 참여다. 우리는 여기에서 현대 사회에서 예술의 목적은 단지 작품을 만드는 것을 넘어서 환경과 미적 인터페이스를 구축하는 것으로 확실히 변화했다는 점을 확인할 수 있다. 그리고 이런 점이 극히 현대적인 예술의 실체라면, 소리 풍경이라는 사고방식 자체는 어떤 의미에서 20세기 음악뿐만 아니라 예술이나 아트 전체에서 하나의 새로운 지평을 제시한다는 점 또한 생각할 수 있다.

동시에 주목할 것은 두 프로젝트 모두 예를 들면, 노래나 춤을 만들거나 오브제 이외의 구조물을 만드는 인간의 근원적인 창작 활동과 종래 예술 활동의 형태를 결코 부정하지 않는다는 점이다. 이 움직임들은 다다이즘이나 플럭서스처럼 기존의 예술과 제도를 부정하거나 파괴하는 것을 전제로 하지 않으며, 오히려 그것들을 끌어안으면서 새로운 의미를 부여하는(또는 그것들이 본래 가졌던 의미를 끌어내는) 방향으로 전개된다.

음악 사상으로서의 소리 풍경이나 환경 예술에서는 인간이 미적 감성을 통해 환경과 소통하는 장치를 어떻게 획득하고 제공할 것인가를 최종 목적으로 한다. 이 활동과 사고방식의 지평에는 서론에서 소개한 일본인의 '벌레 소리 듣기 모임'과 같은 풍습이 아주 자연스럽게 엿보인다. 이 풍습을 그린 우키요에는 셰이퍼가 처음에 소리 풍경 개념을 제창하면서 말했던 '삼라만상의 소리'라는 생각과 묘하게도 딱 들어맞는다. 케이지의 「4분 33초」, 셰이퍼의 「별의 여왕」, 「달을 물려받은 늑대」보다 훨씬 이전에 그려진 우키요에의 정경에 벌레 소리로 대표되는 자연의 소리를 심미적으로 듣는 문화가 숨 쉬고 있다. 이와 더불어 소리 풍경 미학을 통한 현대 아트의 설치물과 발리 섬의 수나리나 일본의 수금굴(水琴窟)[73] 같은 전통적으로 소리를 내는 도구의 공통점도 엿보인다.

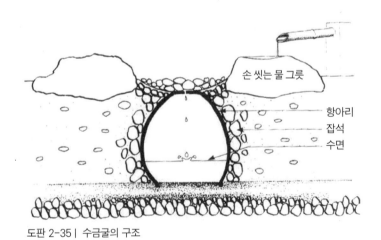

손 씻는 물 그릇

항아리
잡석
수면

도판 2-35 | 수금굴의 구조

제2장

소리 풍경을 듣는다

소리 풍경 이론을 둘러싼 셰이퍼의 최대 공헌은 이미 제1장에서 고찰한 바와 같이 소리 풍경이라는 개념을 정립한 것이다. 그리고 소리 환경이 조사 연구와 예술 활동의 장이 되고, 대상이 되는 것을 몸소 실천을 통해 보인 점이다.

그러나 동시에 셰이퍼가 소리 풍경 개념을 기초로 이제까지 소리를 만드는 기술로 자리 매김한 음악 활동을 소리를 듣는 기술이라는 측면에서 파악하고, 이를 실현하기 위한 구체적 프로그램을 개발한 점, 나아가 소리 풍경이라는 사고 방법을 통해 환경을 조사하기 위한 새로운 원리와 방법을 고찰했다는 것도 잊지 말아야 할 것이다.

이미 소리 풍경을 듣기 위한 매력적 프로그램과 이를 해석하기 위한 다양한 원리와 방법이 생겨나고 있다. 환경에 대한 그러한 청각적 접근은 종래의 시각 중심적 접근을 보완하면서 우리에게 도시와 자연의 환경을 둘러싼 풍부한 체험과 깊은 이해를 가능하게 한다.

듣는 기술로서의 아트

'듣는 아트'의 회복

왜 셰이퍼는 소리 풍경이라는 사고법을 계기로 작곡과 꽤 이질적으로 보이는 '소리 환경에 대한 조사 연구'로 활동 영역을 확대했을까?

셰이퍼가 '현대의 르네상스인'이라 불린다는 점에서 레오나르도 다빈치에게서 실마리를 찾아보자. 다빈치는 화가이자 건축가이자 음악가로서 모든 예술의 틀을 초월했다. 그러나 그가 보여 주는 중요한 점은 단지 이 사실에만 달린 것은 아니다. 그는 동시에 기사이자 수학자이자 발명가이자 학자이기도 했다. 결국 그의 안에는 예술가와 과학자가 같이 동거하면서, 이 둘이 잘 통합되어 있었다. 르네상스 시대일지라도 확실히 다빈치라는 인물은 특이한 존재였다고 할 수 있다. 그러나 그 시대에는 예술과 과학 사이에 이후의 시대만큼 명확한 경계선이 그어지지 않은 것 또한 사실이다.

셰이퍼가 르네상스인이라고 불리는 가장 큰 의미는 예술과 과학, 파토스와 로고스 사이에 명확한 경계선을 두기보다는 이 두 가지 정신을 모두 갖춘 인간으로서의 전체성을 자기 안에서 실현하는 것의 가치를 깊이 이해하고 이를 얻기 위해 실천하고 있다는 것이다. 그렇다면 셰이퍼가 소리 환경을 둘러싼 조사 연구 활동을 전개하고, 예술을 비롯해 과학과 환경 윤리 문제에 이르기까지 소리 풍경 디자인을 제창한 것은 아주 자연스러운 것으로 이해할 수 있다.

또한 '아트'라는 말도 그 열쇠가 된다. 현재 이 말은 '예술'과 거의 동의어로 사용된다. 그러나 예술을 가리키는 단어인 '파인 아트(fine art)'라는 말을 살펴보면, 이 말은 본래 '미적(fine) 가치를 실현하는 기술(art)'이라는 뜻이다. 아트라는 말은 고대 그리스어의 '테크네(techne)'('기술'을 뜻한다)와 라틴어의 '아르스'에 해당하는데, 예술보다 훨씬 넓은 개념이었다.[74]

이와 관련해서 셰이퍼는 매우 흥미로운 말을 했다.

> 현대의 문명 사회에서 소리는 과학의 한 영역으로 편입되었다. 그 탓에 소리는 여러 가지 감정이나 기억을 북돋우는 힘을 대부분 잃어버렸다. 예를 들면, 누구나 메아리를 과학적으로 설명할 수 있다. 그렇지만 자기 목소리가 다시 돌아오는 것을 들을 때 느끼는 기쁨은 오히려 마법에 가깝게 여겨진다.[75]

일찍이 메아리 체험은 자연 과학적 고찰의 대상이기 이전에 미적 고찰의 대상이었다. 제도화된 종교 이전에는 정신적 고찰의 대상이기도 했다. 이렇듯 하나의 문화에서 실제 자연 현상과 이를 체험한 사람의 생각과 감정, 이에 근거한 인간의 과학적 호기심이 연결되어 형성된 터전 안에 환경과 문명 사이의 밸런스, 문화 그 자체가 가진 힘의 근원이 있다고 생각한다.

그런데 현대 사회에서는 이들이 모두 흩어져서 예전처럼 신속히 연결되는 힘을 상실했다. 이것이 과학과 예술 사이의 폐색이나 환경 문제 등으로 현저히 나타난 현대 문명 자체의 쇠퇴와도 연결된다는 위기의식을 두 진영의 모든 영역에 진중하게 관계하는 사람이라면 적지 않게 느낄 것이다. 셰이퍼 또한 그런 사람들 중 한 명으로, 소리에 관한 과학과 예술의 재통합을 위한 실천으로 직접 소리 환경 조사 연구에 종사했다. 또 이들을 재통합하기 위한 형태 중 하나로 소리 풍경 디자인을 제창했다.

어쨌든 여기에서 중요한 것은 소리 풍경 디자인이라는 광범위한 내용의 활동 속에서 항상 기본이 되는 것이 '듣는다'는 행위라는 점이다. 셰이퍼는 다음과 같이 말했다.

> 소리 풍경 디자인은 결코 위에서 통제하는 디자인이 되지 않아야 한다. 오히려 의미 깊은 청각 문화의 회복 그 자체가 문제이고, 이는 모든 사람들에게 부여된 과제이다. 소리 풍경 디자이너가 맡아야 할 첫째 직무는 듣는 방법을 배우는 것이다.[76]

셰이퍼는 들을 수 없는 음악이 된 '천체의 음악'을 지향하면서도 항상 경험적 청취의 중요성을 잊지 않는다. 그는 학문적인 것에 흥미를 계속 품으면서도 머릿속 관념의 세계에만 묻혀 있지 않고 언제나 몸소 소리를 듣는 체험을 근거로 한다. 경험에 의해 세계를 아는 것이 우선 필요한 것이다. 그런 뒤에 상상력을 솜씨 있게 불어넣어 돌의 음악, 천체의 음악 등을 생각할 수 있다. 이들은 "우리가 실제 들을 수 있고 자신 속에서 울리게 할 수 있는 소리와 비교함으로써만 이해된다."라고 셰이퍼는 말한다. 그는 소리를 듣는 방법으로서의 음악의 본질과, 체험을 통해 성립하는 예술의 본질을 확실히 파악하고 있었다.

셰이퍼는 실제로 듣는 아트를 회복하고 육성하려고 캐나다와 세계 각지의 학교, 그 밖의 워크숍 활동을 통해 창의 연구를 하는 데 풍부하고 구체적인 프로그램을 개발하여 제안하고 있다. 그 작업은 이미 1960년대 후반부터 현재에 이르기까지 일관되게 계속되고 있다. 이 교육 프로그램을 자기 주변의 소리에 관한 백 가지 연습 노트로 정리한 것이 1992년에 출판된 『소리 교육 1: 소리, 귀, 마음을 위한 100가지 연습 노트』이다.[77] 아래에는 그 내용의 일부를 몇 가지 항목으로 나누어 소개한 것으로, 나 자신의 체험을 근거로 한 해설을 거기에 덧붙이고자 한다.

제1과제

들리는 소리를 모두 종이에 적어 보자. 시간은 이삼 분 정도가 좋다. 들리는 소리의 목록을 만들자. 여러 사람이 함께한다면, 각자 차이에 주의하면서 목록을 나누어 읽어 보자.[78]

이것이 첫 번째 과제다. 아주 간단하지만 실제로 해 보면 듣는다는 행위의 심오함과 창조성 그리고 소리 풍경이 무엇인지를 제대로 체득할 수 있다.

일반적으로 풍경(landscape)이라고 하면 집 바깥의 풍경을 뜻한다. 그러나 이 과제는 집 안에서 기분 전환 삼아 해 보아도 좋다. 또 우리가 어디에 있더라도 각 소리가 재미있고, 체험한 소리 환경은 모두 소리 풍경임을 말해 준다. 실제로 종이에 써 보아야 소리 풍경을 체험할 수 있는 것은 아니다. 그러나 종이에 쓰는 과정을 통해

'듣는 행위'를 좀 더 의식화할 수 있으며, 더 나아가서 나중에 자신이 그것을 확인하고 다른 사람에게 알리는 데 유용한 방법이 된다. 첫 번째 과제는 다음과 같이 계속된다.

목록은 당연히 하나하나 모두 다를 것이다. 듣는다는 행위는 아주 개인적이기 때문에 긴 목록도 짧은 목록도 모두 옳다.

우리는 이 과제를 통해 그 장(場)의 소리 풍경을 깨닫는 것만은 아니다. 같은 장소와 시간을 공유하던 사람들과 그 내용을 서로 나누고 비교해 봄으로써 소리 풍경을 만들어 낸 것이 바로 자신이었다는 점 그리고 듣는다는 것이 얼마나 개성적이고 창조적인 행위인지를 깨닫는다.

이제 소리 목록을 여러 가지 방법으로 분류해 보자. 자연이 내는 소리에는 N(Nature), 사람이 내는 소리에는 H(Human), 기계가 내는 소리에는 T(technology) 표시를 붙여 보자. 어떤 소리가 가장 많은가?[79]

이 과제는 언뜻 보기에는 쉬울지 모르지만 실제로 해 보면 꽤 어렵다.

어떤 워크숍에서 내가 겪은 바로는 바깥의 바람 소리, 작은 새의 울음소리 등은 자연의 소리로, 사람의 말소리, 책상 두드리는 소리 등은 사람의 소리로, 거리를 달리는 자동차 소리, 공사장의 드릴 소리 등은 기계의 소리로 비교적 쉽게 분류할 수 있다. 그러나 똑같은 생물의 소리라 하더라도, 가령 애완견이 내는 소리 정도만 되어도 자연의 소리라는 이미지에서 상당히 멀리 떨어진 것처럼 느껴지고, 자기 몸에서 나오는 소리라도 배가 꾸르륵거리는 소리 등은 자신도 제어할 수 없는 것이기에 오히려 자연의 소리에 가까울 듯하다. 또한 라디오에서 들려오는 대화 등도 사람에 따라 의견이 다를 것이다.

결국 여기에서도 확실히 정해진 답이 있는 것은 아니다. 예를 들면, 자연을 자신이 얼마나 잘 파악하는지를 몸소 실감하여 확인하거나 수정해 가는 것이 중요하다. 또 그러한 작업을 다른 사람들과 함께함으로써 각 개념이 실제로는 사람과 문화에 따라 다양하다는 점을 체험적으로 아는 데 깊은 의미가 있다.

소리 그리기

첫 번째 과제는 단순히 종이에 적는다는 것뿐이다. 실제로 적는 방법은 어떤 것이라도 괜찮지만, 엄밀히 말하면 사람마다 다르다.(예를 들면, '차 달리는 소리, 까마귀 우는 소리, 의자 끄는 소리'라고 적는 이가 있는 반면, '붕~, 까악까악, 즈즈즈'라고 쓰는 사람도 있다.) 참가자는 소리를 적는 방식을 포함해서 끊임없이 서로 차이를 확인하기 때문에 이처럼 아주 단순한 실행에도 나름대로 의미가 있다. 극히 일부이지만 어떤 이는 언어보다는 도형 악보나 그래픽으로 기술하기도 한다. 언어 이외의 표기 또는 언어와 언어 이외의 표기를 조합하는 것을 처음부터 겨냥한 과제도 있다.

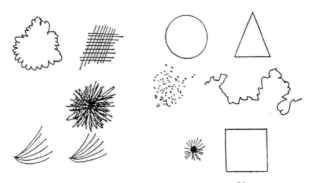

도판 3-1 | 다음의 형태와 구조에 맞는 소리를 찾아보자.[80]

예를 들면, 다음과 같은 과제들을 들 수 있다.

종이 한 장을 꺼내 보자. 종이 윗부분에는 큰 소리를, 아랫부분에는 작은 소리를 적는다. 위에서부터 아래로 큰 소리에서 작은 소리가 되도록 목록에 있는 소리들을 나열해 보자.

이번에는 종이를 뒤집는다. 중간 크기 정도의 원을 한가운데에 그리고, 자신이 낸 소리는 모두 그 원 안에 써 넣는다. 다른 소리는 원 바깥에 적는데, 들려온 방향이나 거리에 따라 배치해 보자.[81]

이제 소리와 형태를 조합하는 과제를 해 보자.

우리는 소리를 본 적이 없다. 따라서 소리가 각각 어떤 형태로 있는지를 알 수 없다. 그러나 몇 가지 소리를 골라서 그 소리가 어떻게 보이는지를 그려 보아도 재미있을 것이다.

이 과제는 소리가 울리고 있을 때 바로 하는 것이 가장 좋다.[82]

셰이퍼가 제시한 100가지 과제에 명확한 형태로 포함된 것은 아니지만, 다음에 소개하는 소리 들으며 걷기의 결과까지 포함한다면 이는 소리 지도 만들기 작업도 될 것이다.

소리 들으며 걷기

소리에 귀 기울이면서 걷는 것(listening walk)과 관련된 과제로는 다음과 같은 것이 있다.

한 사람 한 사람이 가장 좋은 상태에서 소리를 들으려면 뒷사람은 앞사람 발소리가 들리지 않을 만큼 간격을 두고 일렬로 걷는다. 만약 다른 사람의 발소리가 들리거나 너무 가까워졌다 싶으면 걷는 속도를 늦추자.

교실로 돌아오면 다음과 같은 질문에 대한 답해 보자.(또는 그 장소에 적당한 질문을 몇 가지 골라서 답해 보자.)

1) 가장 컸던 소리는 무엇인가?
2) 가장 작았던 소리는?
3) 큰 소리 탓에 들리지 않은 작은 소리는?
4) 가장 높았던 소리는?
5) 당신 곁을 스쳐 간 소리 세 가지는?
6) 당신과 함께 움직인 소리 세 가지는?
7) 머리 위에서 들려온 소리 세 가지는?
8) 움직이면서 방향을 바꾼 소리 한 가지는?

도판 3-2 | 네리마구 빛의 언덕 공원에서 펼쳐진 소리 풍경 탐험(1990년 9월)

9) 다른 소리에 반응해서 울린 소리 한 가지는?

10) 귀에 가장 거슬렸던 소리는?

11) 두 번밖에 들리지 않았던 소리는?

12) 무언가를 열면서 났던 소리는?

13) 그것을 여는 사이에 들렸던 다른 소리는?

14) 걸으면서 들렸던 소리 중 가장 인상 깊었던 소리 또는 가장 마음에 남았던 소리는?

15) 리듬이 확실했던 소리는?(그 리듬을 적고 입으로 반복할 수 있는가?)

16) 가장 아름다웠던 소리는?

17) 가장 멀리서 들려왔던 소리는 무엇인가? 얼마나 멀리서 들렸는가?

18) 소리의 높이가 천천히 올라가거나 내려갔던 소리는?

19) 그 소리 풍경에서 삭제되었던 소리는?

20) 듣고 싶었는데도 듣지 못했던 소리는?

이 질문들에 대한 답은 여러 가지가 있을 것이다. 서로 얘기해 보자.[83]

여기에 적은 질문은 결코 고정된 게 아니다. 어디에서 과제를 행하느냐에 따라 지도자가 더 적절한 질문을 던지거나 참가자끼리 서로 질문을 만들어 보는 것도 좋다. 또한 모든 참가자가 발표한 뒤에 다시 현장을 걸으면서 실제로 귀로 확인해 보는 것도 중요하다.

어쨌든 이 질문에 곧바로 적절하게 답하는 것을 기대하지 않는다. 오히려 이러한 워크숍에 참여함으로써 막연하게 듣고 흘려버리는 소리 환경과 어떤 측면에서 관련되는지를 확인하는 데 의의가 있다. 이를 통해 사람들이 직접 소리 환경과 적극적으로 관계해서 최종적으로는 소리 환경을 자신의 일부로 또는 자신의 풍경으로 체험하게 하는 것이 중요하다.

이와 관련한 과제로는 눈을 감고 소리를 들으며 걷는 것(blind walk)이 있다. 주변 환경에 더욱더 귀를 기울이게 하는 프로그램이다. 이 프로그램은 일반적으로 실외에서 진행하지만, 큰 건물이라면 실내에서도 충분히 할 수 있다. 그럴 때에는 특히 건축물의 소리 탐험이라는 독자적 과제가 된다.

소리 산책

소리 들으며 걷기를 지시 사항이 적힌 소리 지도와 일정한 규칙을 동원해서 게임 같이 행하는 것을 소리 산책(sound walk)이라고 한다. 예를 들면, 셰이퍼는 도판 3-3과 같은 루트를 개발해서 밴쿠버

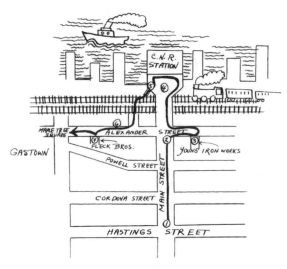

도판 3-3 | 밴쿠버 거리 소리 산책을 위한 지도[84]

거리의 소리 산책 프로그램을 만들었다.

밴쿠버 거리에서 헤이스팅스 거리, 빅토리아 거리를 경유하는 버스를 타고 메인 거리까지 간다. 요금을 지불할 때에는 여러 가지 동전들이 내는 소리의 차이에 주의를 기울인다. 운전기사에게 메인 거리에 도착하면 큰 소리로 불러 달라고 부탁한다. 운이 좋으면 부르는 방식이 음유 시인의 경지에 달한 것과 같은 진짜 전문 운전기사를 만날지도 모른다. 도중에 눈을 감고 주변 환경에 귀 기울여 보라. 몇 나라 말이 들려오는가? 각 정류장에서는 어떤 소리 패턴이 보이는가?

1) 메인 거리에 이르면 버스에서 내려 북쪽 해안 쪽으로 걷는다. 도

중에 교통 소음이 어떻게 변화하고 어느 지점에서 자신의 발소리가 재차 들려오는지 주의를 기울인다.

2) 메인 거리와 알렉산더 거리의 교차점에서 멈춘 뒤 웨스턴 일렉트릭 네온의 웅웅거리는 소리를 듣는다. 그 소리를 흥얼거리면서 중심 소리를 찾아낼 수 있는가?

3) 여기에서 노면의 유형이 다르다는 것을 알아차릴 것이다. 자갈, 나무와 돌 블록, 콘크리트, 아스팔트. 밴쿠버의 포장 기술 역사를 알려 주는 이 노면들을 사뿐사뿐 또는 가볍게 툭툭 치듯 걸으면서 발소리를 듣는다.

4) 나무 보도를 걸을 때에는 걸어 다니는 타악기 연주자처럼 이런저런 소리를 실험해 볼 수 있다. 조용하고 낡은 CNR 역은 지금 레스토랑으로 바뀌었고, 열 명으로 구성된 바바리아 지방의 브라스 밴드가 자랑거리다.

5) 만약 산책을 낮에 한다면 가게나 공장에서 일하는 사람들의 목소리며 기차나 배의 소리는 당신이 이제부터 계속해 나갈 소리 풍경 작곡에 독자적 리듬을 불어넣을 것이다.[85]

소리 산책을 하려면 기획자 자신이 그 지역의 소리 환경에 상당히 정통해야만 한다. 이러한 프로그램을 기획하는 것은 실질적으로 그 지역이나 공간의 소리 풍경을 정성 들여 듣게 만든다.

여기에 소개한 프로그램들은 『소리 교육 1: 소리, 귀, 마음을 위한 100가지 연습 노트』 중에서도 극히 일부에 해당한다. 이 책에 있는 100가지 과제조차 셰이퍼가 지금까지 개발해 온 프로그램의 일부에

지나지 않는다. 과제집의 마지막 장에서 셰이퍼는 "이것으로 과제
는 끝이다. 이제부터는 여러분이 지금까지 배운 과제를 통해서 습득
한 소리 능력과 좀 더 풍부한 상상력을 사용해서 자유롭게 전개할
순서"[86]라고 하면서 우리 각자가 창의적 연구로 새로운 과제를 만들
어 가기를 기대했다.

셰이퍼는 사람들이 자신의 소리 풍경을 듣는 방법을 길러 가는 프
로그램 전체를 가리켜 '이어 클리닝(ear cleaning)'이라고 부른다.
"소음이란 귀에 들려도 무시하라고 배웠던 소리다. 현대 사회의 소
음 문제에 대처하려면 현대인의 귀를 콘서트홀 밖으로, 현실의 자연
과 도시의 환경으로 돌려야만 한다." 이 말이 현대 사회의 소음 문
제에 대한 셰이퍼의 기본적인 생각이며, 이를 해결하기 위한 전략으
로서 소리 풍경 개념을 창안했다. 그렇다면 소리 풍경 개념의 제창
과 현대인의 귀 교육은 표리일체의 관계가 있음을 알 수 있다. 중요
한 것은 귀를 교육한다 해도 그 내용은 올바른 본보기를 제시해 가
르치는 종래 교육의 이미지와는 상당히 다르다는 점이다. 또 다양한
청취 방법 발견이라는 다른 사람의 이해를 중시한다는 점도 특징으
로 들 수 있다.

소리 풍경 해석

지금까지 소개해 온 소리 풍경의 청취 방법에 관한 과제는 다분히
체험적이고 실천적이지만, 셰이퍼는 한편으로 소리 풍경의 분석적

프로그램에도 강한 관심을 보인다. 제1장에서 소개한 일련의 현장 조사를 통해서 그는 소리 풍경 해석을 위한 새로운 원리와 개념을 만들어 내고, 이를 시각적으로 표기하기 위한 방법도 개발한다.

부분에서 전체로

소리 풍경의 해석 방법을 생각해 보기 전에 소리의 세계를 소리 풍경으로 파악하기 위한 전제로서 소리(사운드)와 소리 풍경의 기본적인 차이를 우선 확인해 두고 싶다. 일반적으로 소리라고 하면 떠오르는 것은 '무엇의 소리를 듣다'의 경우처럼 하나하나의 개별적 소리이다. 따라서 인식하고 파악하는 단위가 되는 것은 소리 하나하나이다. 이에 비해 소리 풍경이라면 떠오르는 것은 하나하나의 소리가 서로 어우러진 소리 환경 전체이다. 즉 소리 풍경이 문제로 하는 것은 이들 개별적인 소리가 어떻게 조합되어 하나의 경관이나 풍경을 형성하는가 하는 점이다. 예를 들면, 도판 3-4는 1975년 3월 6일 독일 비싱겐이라는 마을의 소리 풍경을 약 500미터 떨어진 언덕 위에서 오전 11시부터 30분 동안 기록한 것이다. 이것은 마치 우리가 멀리서 경치를 바라보듯이 소리의 경치를 파악할 수 있음을 보여 준다.

소리의 세계를 대상으로 한 이전의 파악 방법에 비해 소리 풍경 개념의 도입은 하나의 중요한 변화를 초래한다. 과거의 소리 조사와 연구에서는 많은 소리들로 구성된 소리 환경으로부터 특정한 소리를 하나의 요소로서 분리한 후, 이를 개별적으로 다루는 경우가 많았다. 이에 비해서 소리 풍경이라는 사고법에서는 어떤 소리를 그

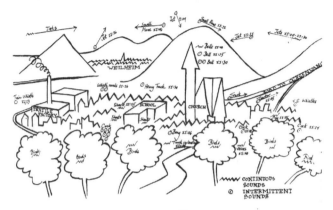

도판 3-4 | 어느 날 비싱겐의 소리 풍경[87]

소리가 속한 장(場)의 소리 환경 전체, 그 소리가 들리는 소리 풍경의 콘텍스트 안에 위치시켜서 파악하는 것이 가능하다. 특정한 소리를 거기서 함께 울리는 다른 여러 소리들과 관계성 속에서 파악하는 것이 가능해진 것이다.

예를 들면, 비싱겐의 교회 종소리 역시 도판 3-4처럼 전체 모습을 알면 소리 풍경 전체의 콘텍스트 안에 위치시킬 수 있다. 교회 종소리만 단독으로 울리는 게 아니고, 옆 학교에서 아이들이 외치는 소리, 그 옆의 직물 공장에서 나는 소리, 맞은편에서 트럭이 달리는 소리, 가까운 숲의 새 울음소리 등 주위의 다양한 소리와 관계 속에서 파악하는 것이다.

이러한 소리 파악 방법은 특정한 소리를 소리 환경 현장에서 떨어뜨려 개별로 다루는 방법과 비교하면, 실제의 생활 세계에서 우리가 소리를 파악하거나 대면하는 방법에 가깝다. 소리 풍경에 따라서 소리 세계를 파악하려는 생각의 근저에는 한 지역의 소리 환경 전체를 포괄적으로 다루려는 의식이 늘 작용한다. 개별적으로 소리를 다루는 경우에도 소리 환경 전체, 더 나아가서 환경 전체와의 관계에서 그 소리를 문제화하는 것이 중요해진다.

음향체와 음사상

소리를 파악하는 방법과 관련해서 셰이퍼는 음향체(音響體, sound object)와 음사상(音事象, sound event)이라는 두 가지 개념을 제창함으로써 이 문제를 한층 명확히 했다. 음향체와 음사상의 공통점은 특정한 소리 풍경 속에서 인간의 귀에 지각되는 가장 작은 독립 요소라는 점이다. 그러나 소리를 인식하는 시점에서 둘은 그들을 발생시킨 소리 풍경이 사회적, 환경적 문맥과 관련을 유지하는지 못하는지에 따라 구별된다.

음향체라는 말은 프랑스어 '오브제 소노르(l'objet sonore)'에서 왔다. 소리가 발생할 때 존재하는 여러 맥락으로부터 소리를 분리해서 순수하게 음향적 대상으로 파악할 때 그 소리는 음향체로 자리 잡는다. 이러한 소리 파악 방법을 나타내는 것이 음향학과 음성학 분야에서 이용되는 표기 방법(소리의 물리적 특성을 수량적으로 분석하고 그래프화하거나 스펙트로그래프로 나타내는 것)이다.

한편, 어떤 소리를 그 소리가 포함된 소리 환경 속에서, 게다가 그 소리를 포함한 환경 전체의 콘텍스트 속에서 파악할 때, 그 소리는 음사상이 된다. 결국 음사상은 그 자체의 음향적인 성격에서 오는 의미만이 아니라 동시에 사회적, 환경적 맥락에서 비롯한 의미도 담

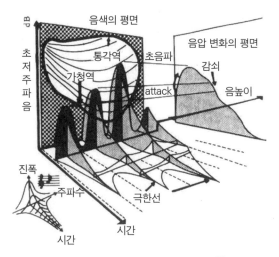

도판 3-5 | 단일 음향체를 2차원으로 표시했을 때[88]

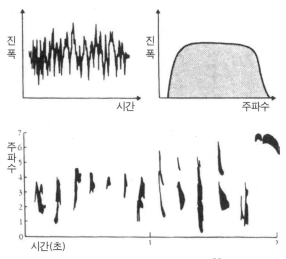

도판 3-6 | 단일 음향체를 3차원으로 표시했을 때[89]

고 있다. 소리에 대한 이러한 인식 태도는 소리를 둘러싼 종래의 학문 영역에서는 거의 선례를 찾아볼 수 없을 만큼 소리 풍경 연구에서 독자적인 것이다.

어떤 소리가 음향체이고 음사상인가 하는 것은 소리의 내용이 아니라, 이를 파악하거나 다루는 방법을 통해 결정된다. 이런 의미에서 음향체 및 그것과 표리일체 관계에 있는 종래 과학의 소리 표기 방법이 소리 풍경 연구와 전혀 관계가 없는 게 아니라 음사상과의 관계를 기초로 유효한 정보와 통찰을 준다는 점을 잊지 말아야 할 것이다.

'소리를 어떻게 표기하는가' 하는 것은 '소리를 어떻게 파악하고 이해하는가'와 서로 뗄 수 없는 관계이다. 따라서 음향적 성격에서 비롯한 의미만이 아니라 사회적, 환경적 맥락에서 비롯하는 의미를 담은 음사상의 표기 방법에는 이전과는 다른 새로운 시점과 방법이 필요하다.

소노그래피

셰이퍼와 그 동료들은 소리 풍경을 시각적으로 표기하기 위한 새로운 방법을 개발했고, 이를 총칭하여 소노그래피(sonography)라고 불렀다. 소노그래피를 개발하면서 그들이 주의를 기울인 점이 있다. 이는 종래의 음악 표기 방법인 오선보나 소리를 보여 주는 스펙트로그래프 등이 음악가와 음향학자의 독점물이거나 한 것처럼 전문적이라는 반성에서 비롯한 것이다. 즉, 건축가나 도시 설계자를 포함한, 넓은 분야에 걸친 많은 사람들이 새로운 표기 방법을 쉽게 이

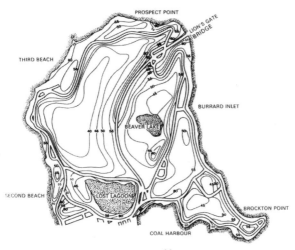

도판 3-7 | 스탠리 공원의 등음압 지도[90]

해할 수 있게 하는 것이었다. 예를 들면, 도판 3-4에 나오는 비싱겐 마을의 소리 풍경은 500미터 떨어진 언덕에 서서 마을에서 들려온 소리를 기록한 것이지만, 이 역시 일종의 소노그래피라고 할 수 있다.

도판 3-7은 밴쿠버 스탠리 공원의 등음압 지도(等音壓地圖)로서, 이전의 지도 제작 기법을 빌려 등고선을 환경음의 음압 레벨에 이용한 것이다. 이는 각 지점에선 소음계로 음압 레벨을 계측한다는 뜻에서 소리 환경을 음향체적으로 다룬다고 말할 수 있다. 하지만 그 부분적인 특성이 스탠리 공원의 랜드스케이프 전체와 관련 있으므로 단순히 환경소음 레벨 측정 작업과는 다른, 소리환경의 사운드스케이프적인 이해가 반영되었다고 할 수 있다. 이는 소리 풍경의 해석에서 이전의 물리적 측정이 관련없는 것은 아니라는 앞서 지적한 점을 명확히 보여 준다.

한편, 도판 3-9는 스웨덴의 스크루브 마을에 있는 공장과 그 주변에서 특징 있게 들려오는 범위를 나타내는 소리의 프로필 지도다. 또한 도판 3-8은 마이클 사우스워스가 보스턴 거리에서 작성한 음사상 지도이다. 이들의 표기 방법은 각 환경에서 소리를 절취하는 방법, 즉 각 소리 풍경을 이해하는 방법의 차이를 보여 준다. 이런 의미에서 소노그래피는 몇 종류로 한정되지 않는다. 이는 소리 풍경을 파악하는 방법에 따라 여러 가지로 변용되고 듣는 방법만큼 무한한 형태가 있을 수 있다.

소노그래피와 관련해 주의할 점으로 셰이퍼가 강조하는 것이 있다. 즉 소리의 표기란 관찰한 것을 얼마나 시각적으로 표현하고 기록하는지를 문제로 한다는 점이다. 소리 풍경은 귀로 파악한 풍경이다. 본래 청각적 사건을 시각화하려는 작업에는 그 자체로 본질적 문제를 많이 안고 있음을 잊지 말아야 한다. 예를 들면, 오선보로 대표되는 악보는 서양 음악의 표기법이지만, 이 역시 정확히 말하자면 음악이라는 청각적 사건을 시각적으로 기록하고 표현한 것이다. 그러나 음악은 본래 귀에서 귀로 전해지는 구전 문화에 속하며, 이는 서양 음악에서조차 본질적으로 변하지 않는 사실이다. 인류의 역사에서 또 세계 각지의 문화에서 이와 같은 기보법을 도입해서 표기한 음악은 매우 적고, 게다가 시각적으로 적어 둔 악보에는 원래 음악이 가진 많은 부분이 누락된다는 것을 음악가들은 잘 알고 있다.

마찬가지로 음향학 역시 음향체로부터 많은 매개 변수를 제거한 후 그래프로 표기하더라도 인간이 실제로 소리를 들을 때 실감하는 것을 모두 나타내는 것은 불가능하다. 그런데도 악보나 그래프를 사

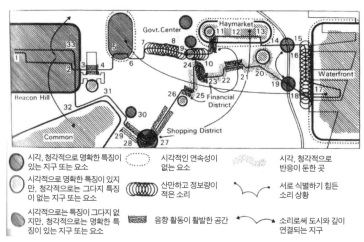

도판 3-8 | 마이클 사우스워스가 그린 보스턴 거리의 이벤트 지도[91]

시각, 청각적으로 명확한 특징이 있는 지구 또는 요소

시각적인 연속성이 없는 요소

시각, 청각적으로 반응이 둔한 곳

시각적으로 명확한 특징이 있지만, 청각적으로는 그다지 특징이 없는 지구 또는 요소

산만하고 정보량이 적은 소리

서로 식별하기 힘든 소리 상황

시각적으로는 특징이 그다지 없지만, 청각적으로는 명확한 특징이 있는 지구 또는 요소

음향 활동이 활발한 공간

소리로써 도시와 깊이 연결되는 지구

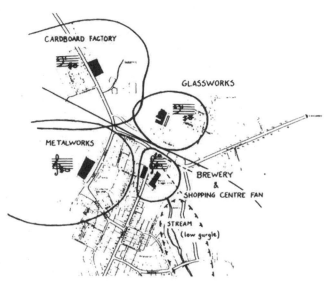

도판 3-9 | 프로필 지도. 스크루브 마을에서 들을 수 있는 소리[92]

용하는 이유는 현장에 있지 않은 사람에게 소리나 음악을 전달하거나 분석하는 데, 또 새로운 소리와 악곡을 계획하는 데 유효하기 때문이다. 소리 풍경의 표기, 즉 소노그래피와 관련해서도 소리를 시각화하는 데에는 늘 이러한 한계와 의의가 있음을 고려해야 한다. 이를 전제로 한 후 소리 풍경을 분석하는 방법에는 어떠한 원리와 방법이 있는지를 고찰해 보자.

소리 풍경에서 배경과 도형

시각 풍경이 주로 건축물이나 담, 수목, 도로 등 구체적 사물로 구성되는 반면, 형태 없는 소리로 구성된 소리 풍경은 언뜻 보기에 파악하기 힘든 것처럼 여길 수 있다. 그러나 셰이퍼는 사물을 본다는 체험을 설명할 때 기본으로 사용하는 배경[地]과 도형[圖] 이론을 소리 풍경 연구에 끌어들여 소리 체험을 설명한다. 이미 제1장에서 고찰했듯이, 소리 풍경을 분석할 때 조사의 주요 대상으로 기조음, 신호음, 표식음이라는 세 가지 소리 범주를 설정한다. 그중에 기조음과 신호음은 서로 반대 개념으로, 마치 게슈탈트 심리학에서 배경과 도형의 관계에 해당한다.

기조음이란 음악 용어의 주음(keynote)에서 비롯한 말로, 시각적 지각에서 배경에 해당한다. 악곡의 조성(가령, 다장조라든지 마단조라든지)을 결정하는 주음은 항상 의식적으로 들리는 것은 아니더라도 악곡 전체를 통해 기본이 되는 소리를 말한다. 악곡에서 소리 소재가 갖는 다양한 의미는 모두 주음과의 관계를 통해서 생겨난다. 마찬가지로 기조음은 모든 소리 지각의 기초가 되며, 의식적으로 들

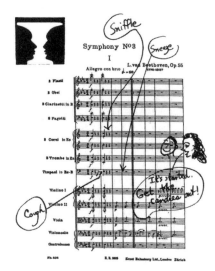

도판 3-10 | 소리 풍경에서 배경과 도형[93]

을 필요는 없지만 결코 빠트려서는 안 되는 소리다.

기조음은 특정 지역 사람들의 청취 습관을 근저에서 규정하고 지지한다는 의미에서 대단히 중요하다. 예를 들면, 밴쿠버의 소리 풍경에서 기조음은 태평양의 파도 소리, 내륙의 강과 폭포 소리, 비 내리는 소리, 브리티시콜롬비아 주의 원시림 소리 등이다. 한편, 시내에서는 도로 재질이나 신발 종류 등에 따라서 다른 발소리가 이에 해당한다. 예를 들면, 도판 3-11은 기조음인 발소리에 관한 것으로, 도시가 처음 만들어졌을 때 보도의 포장면은 나무판이어서 걸을 때 뚜벅뚜벅 하는 소리가 나거나 때로는 멜로디언처럼 들렸는데, 아스팔트와 시멘트로 바뀌면서 단조롭고 시시한 소리로 변했다는 역사적 변화가 확인된다.

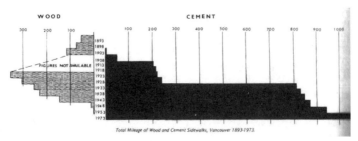

도판 3-11 | 밴쿠버의 포장 소리[94]

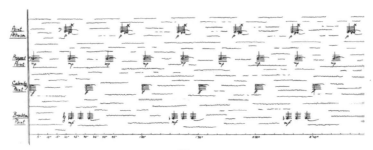

도판 3-12 | 밴쿠버에 있는 네 군데 무적[95]

　한편, 신호음은 청각적 도형으로서 의식적으로 들리는 모든 소리를 가리킨다. 밴쿠버의 소리 풍경에서 셰이퍼와 그 동료들이 신호음으로 구체적으로 고찰한 것은 기적(汽笛)과 무적(霧笛)이라는 음향적 통신, 경고 시스템이다. 예를 들면, 도판 3-12에서는 밴쿠버에 있는 해안 네 군데에 설치된 무적이 각각 어떤 소리를 내는지를 관찰하고 기록한 것이다. 이들을 따로따로 관찰한 것이 아니라 실제 도시의 소리 풍경에서 동시에 들려오는 것까지 포함하여 기록했다는 점에 주목하고 싶다.
　이러한 소리 풍경에서 기조음과 신호음은 시각으로써 형태를 보

도판 3-13 | 밴쿠버의 표식음

는 법과 같이 소리의 내용에 따라 결정되는 것은 아니다. 예를 들면, 밴쿠버의 보도에서 울리는 발소리가 항상 기조음인 것은 아니다. 경우에 따라서는 주위 도시의 웅성거림에서 갑자기 한층 더 확실히 들려오는 신호음이 되기도 한다. 결국 특정한 소리가 소리 풍경에서 배경이 되는지, 도형이 되는지는 소리와 이를 듣는 사람의 귀가 의식하는 것 사이의 관계에 따라 결정되는 사건일 수밖에 없다.

표식음

표식음이란, 신호음 중에서도 특히 특정의 소리 풍경을 뚜렷이 부각하고 그 음향적 생활에 독자성을 부여하는 것 또는 공동체 사람들이 특히 존중하고 주의하는 소리를 말한다. 표식음, 즉 사운드 마크라는 말은 눈에 비치는 풍경의 랜드 마크라는 말과 대응한다.

예를 들면, 도판 3-13에 나타나 있듯이, 밴쿠버의 소리 풍경에서는 성 로자리 교회의 종, 1984년 이래로 다양한 형태로 시간을 알려

주는 9시 대포, 항구를 둘러싼 곳에 설치된 무적 등이 가장 중요한 표식음이다. 그 덕분에 각 표식음의 역사와 현상에 대한 조사 결과가 보고되고 있다. 일본의 소리 풍경을 예로 들면, 홋카이도에서는 삿포로의 시계탑 소리, 구시로의 무적 소리가 있다. 일반적으로 어떤 소리가 공동체에서 일단 표식음으로 확립되면, 그 소리는 보호할 가치가 있다고[96] 여겨서 소리 풍경 디자인에서 보존 활동의 대상이 되는 경우가 많다.

특정 지역에서 어떤 소리를 표식음으로 하는지는 전적으로 그 장소의 역사와 그 밖의 몇몇 특성에 따라 결정된다. 엄밀히 말하면, 같은 지역에 사는 사람이라도 어느 지구에 사는지에 따라서, 개개인이 지역과 관계 맺은 방식에 따라서, 더 나아가서 시대에 따라서 표식음으로 의식되는 대상이 다른 경우도 있다. 따라서 표식음의 실태는 기조음, 신호음과 마찬가지로 극히 문화적이다.

소리 풍경에서 전경과 후경

지금까지 고찰한 원리와 개념을 가지고 셰이퍼와 그 동료들이 유럽에서 행한 현장 조사에서 이를 어떻게 응용했는지 살펴보고 싶다. 『다섯 마을의 소리 풍경』으로 정리된 현장 조사에서 대상이 되는 것은 인구 3000명 미만의 비교적 소규모이고 단일 산업 위주인 마을이다. 스웨덴 남부의 상대적으로 근대화된 공업 마을인 스크루브, 서서히 공업화가 진행되는 독일 남부의 농촌 마을인 비싱겐, 이탈리아 북부 농촌 마을인 쳄브라, 서부 프랑스의 어촌 마을인 레스코닐, 스코틀랜드 남동부의 학원 마을인 달러 등 다섯 곳이었다.

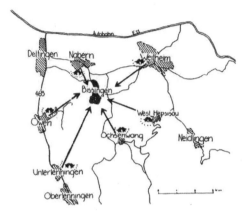

도판 3-14 | 공동체 신호음에 의한 소리 지평[97]

이들 공동체 소리 풍경은 기본적으로 앞에서 기술한 신호음의 집합인 전경, 이에 반해서 청각적 배경이 되는 후경 등 두 가지 레벨로 나뉘어서 해석된다. 전경을 파악할 때 유효한 것은 공동체 생활을 음향적으로 규정하는 정보 특성에 주목하고, 이를 여러 가지 다른 정보 레벨로 나누어서 정리하는 것이다. 그 대표적인 틀 중 하나가 전경을 구성하는 여러 소리 중에서 두드러지게 들리는 소리로, 공동체 사람들의 활동을 시공간적으로 규정하는 공동체 신호음이다.

공동체 신호음은 그 공동체 생활에서 각 소리 기능과 관련된 정보를 가져온다. 이때 정보의 주요 유형으로는 일, 소비, 여행(마을 외부로 연결), 기도 등이 있다. 예를 들면, 철도를 중심으로 발전한 마을 스크루브에서는 기적, 유리 공장과 맥주 공장에서 나오는 사이렌, 교회의 종소리가 마을의 중요한 공동체 신호음으로 관찰되었다.

공동체 신호음은 일반적으로 공동체 전역에 걸쳐서 또렷이 들리기 때문에 다른 공동체의 소리 풍경에 포함되는 경우도 적지 않다. 이때 그 정보 내용은 변화한다. 다른 공동체에서 보면, 그 소리 정보는 외부 세계에 대한 지리적인 자리 매김이 된다. 멀리 여러 방향에서 특정 공동체 안으로 들어오는 신호음은 그 공동체를 주위 지역 일대로 연결하면서 소리 지평을 형성한다.

음향적 리듬과 밀도

한편, 소리 풍경의 후경을 파악하는 틀로는 음향적 리듬과 밀도가 있으며, 조사 방법으로는 다음 세 가지가 시도되었다.

먼저 첫 번째 유형은 공동체의 교통량 변화에 기초를 둔 것이다. 구체적으로는 도판 3-15와 3-16에서 막대그래프 부분이 가리키는 것이다. 이는 조사반이 오전 5시부터 밤 12시까지 마을 중심지에 서서 매시간 처음 10분 동안 그 지점을 통과한 보행자와 모든 교통수단의 수를 세어 기록한 것이다.

두 번째 유형은 공동체 내부에서 들리는 소리 수의 변화에 기초를 둔 것으로, 도판 3-17에서 점선에 의한 꺾은선 그래프가 나타내는 것이다. 이것은 마을을 몇 구역으로 나누어 조사원이 직접 담당한 지역을 도로를 따라 끊임없이 걸으면서 들은 소리를 모두 열거한 후 그 수를 센 것으로서, 오전 7시부터 오후 7시까지 30분 동안씩 5회로 나누어 행한 결과다. 셰이퍼와 그 동료들이 두 가지 조사 방법을 비교한 결과, 두 번째 유형은 첫 번째 유형에 비해서 들린 소리의 총수의 변화는 기본적으로 같은 윤곽을 나타내지만, 그 변화는 그만큼 명확하지 않다고 했다.

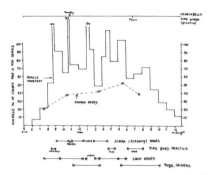

도판 3-15 | 달러 마을의 음향적 리듬과 밀도[98]

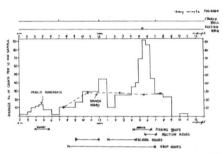

도판 3-16 | 레스코닐 마을의 음향적 리듬과 밀도[99]

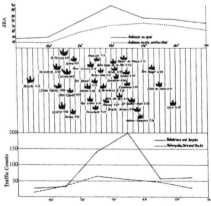

도판 3-17 | 1975년 4월 25일 레스코닐 마을의 바다와 육지 교통량[100]

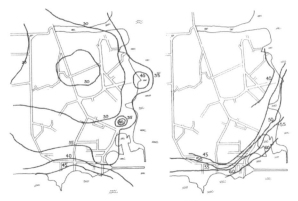

도판 3-18 | 레스코닐 마을의 등음압 지도[101]

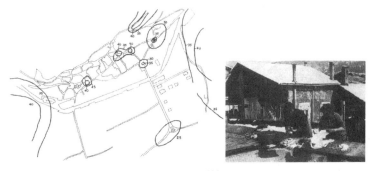

도판 3-19 | 쳄브라 마을의 등음압 지도와 사진[102]

　세 번째 유형은 도판 3-17 윗부분의 꺾은선 그래프로 나타난다.
이는 소음계를 통해서 정기적으로 측정한 배경소음 레벨의 변화에
기초를 둔 것이다. 도판 3-17의 아랫부분에 있는 꺾은선 그래프는
첫 번째 유형의 조사 결과에 기초를 둔 리듬과 거의 유사한 윤곽을
나타낸다. 어쨌든 이 조사 결과로부터 어촌 마을 레스코닐에서는 어
선단의 입출항 시간대가, 학원 마을 달러에서는 학교 수업 시간 등

114

도판 3-20 | 쳄브라 마을의 돌바닥과 길[103]

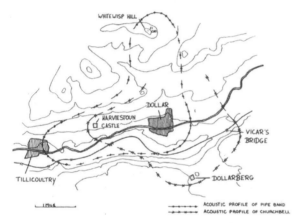

도판 3-21 | 두 공동체 신호음의 소리 프로필(달러 마을)[104]

이 각각 소리 풍경의 리듬과 밀도를 결정하는 가장 중요한 요소임을 이해할 수 있다. 따라서 소리 풍경의 리듬과 밀도는 공동체의 사회적, 경제적 구조를 반영한다.

음향 소재

마을 소리 풍경의 후경을 파악하는 또 다른 틀로는 음향 소재가 있다. 음향 소재는 소리 풍경의 후경에서 기본 음압의 윤곽, 음질, 음색 등을 결정하는 것이다. 밴쿠버의 소리 풍경에서 기조음의 사례로 고찰되었듯이, 그 대표적인 것은 물이다. 또 나무나 돌 같은 물질도 주요 소재가 된다. 물은 바다, 큰 강, 폭포, 작은 강, 비와 눈 등 양태와 소리에서 무한히 변화하면서 다양한 공동체 소리 풍경을 장식한다.

예를 들면, 파도 소리는 항상 해변 마을의 소리 풍경에서 기조음이 되며, 또 시냇물 소리는 산촌 마을의 소리 풍경에서 기조음이 된다. 해변 마을인 레스코닐, 계곡에서 흘러나온 하천 물이 마을 곳곳을 지나가는 쳄브라 등과 같이 각 공동체마다 독특한 물의 존재 방식이 소리 풍경의 후경, 즉 공간적 기복을 규정한다.

한편, 유럽의 돌과 일본의 나무처럼, 지구상 특정 지역에 특히 풍부하게 있는 소재 역시 독특한 음향 특성이 있다. 이는 그 지역 소리 풍경의 음질과 음색 등을 규정하는 음향 소재가 된다.

물과 달리 돌은 그 자체로 소리를 내지 못한다. 부서지거나 닳는 등 다른 힘을 받아야 소리가 난다. 셰이퍼와 그 동료들은 남유럽의 돌 깔린 거리와 석조 건축물로 뒤덮인 거리에서는 어떤 종류의 돌이 어떤 크기로 나열되었는지에 따라 또 사람들이 무슨 신을 신고 어떤 교통수단으로 이동하는지에 따라 통행 소리가 다르다는 점에 주목했다. 또한 돌이 일종의 공명판 구실을 해서 다른 소리를 반사하고 잔향의 울림으로써 소리 풍경의 기조를 규정한다는 점도 관찰했다. 일본에서는 나무가 건축 소재로 많이 쓰이는데, 이 점이 일본

집의 소리 풍경을 특징짓는다고 할 수 있다.

도판 3-21에서 보듯이, 지형 역시 공동체 신호음의 가청 범위에 영향을 미친다. 이처럼 주변 지형, 흙과 바위 같은 지질, 숲의 유무와 종류 등도 공동체의 소리 풍경 전체를, 특히 외곽에서 마을을 에워싸는 공명 상자로서 소리 풍경의 특성을 규정하는 중요한 요소로 지적된다.

향후 과제

그 밖에도 셰이퍼는 소리 풍경을 해석하기 위한 새로운 개념을 여러 가지 제창했다. 소리에 대한 심리적, 미적 평가가 문화에 따라서 어떻게 다른지를 보여 주는 사운드 포비아(sound phobia, 음향 혐오 또는 혐오음으로 특별한 이유 없이 공포와 불쾌감을 주는 소리)와 사운드 로망스(sound romance, 음향 애착 또는 애착음) 개념을 그 예로 들 수 있다. 혐오음 중에서도 특히 도덕적, 종교적, 미학적, 사회적 견지에서 받아들일 수 없는 언어와 신체의 소리를 사운드 터부(sound taboo, 소리 금기 또는 금기음)라고 부르는 등 셰이퍼는 소리가 지닌 상징성 문제를 포함하여 넓은 의미에서 문화 인류학적 관점을 보여 준다.

새로운 개념과 방법론을 창출한 것과 함께 소리 환경이 조사 연구의 독자적 대상이 될 수 있다는 점, 소리 풍경 연구가 성립할 수 있다는 점을 셰이퍼와 그 동료들이 실행을 통해서 몸소 보여 준 것은 큰 의의가 있다. 물론 이 일련의 연구가 1970년대 초반 대략 다섯 해라는 한정된 기간에 집중적이고 실험적으로 행해졌다는 점 그리고 조사 현장이 유럽의 다섯 마을로 근대화 이전의 마을 모습이 남아 있는 비교적 소규모 공간이라는 점이 조사 방법 및 연구 내용과 범위에 상당한 영향을 주었으리라는 것은 말할 필요도 없다.

예를 들면, 소리 지평을 구성하는 소리로는 교통 소음과 항공기 소음 등 침입음(incoming sound)이 있다. 셰이퍼는 "신호음이 소리 지평을 형성할 때 사람들에게 각 음원이 있는 주변 지역에 대해 그 방위와 방향을 지시하는 지리 정보를 부여한다. 그러나 침입음은 그 명확한 방향성이 제거되고 소리 하나하나로는 특정한 의미가 전혀 없지만 공동체가 그 안에서 기능하고 거기에 흡수될 것이라는 더 큰 사회적, 경제적 맥락을 가리킨다."[105]라고 했다. 그러나 현대의 대도시는 바야흐로 미래의 커다란 사회(경제적 문맥)이고, 그 도시적 상황은, 가령 현대의 일본을 예로 든다면, 대도시에 한정된 특수한 것이 아니라 전국 방방곡곡의 마을이 다소간 공유하는 현대적 상황인 것이다.

한편, 현대의 도시 더 나아가 현대 사회 전체의 소리 풍경에서 유달리 특징적인 것은 라디오, 전화 등 미디어를 매개로 한 소리 환경 세계가 아주 다양하고 충실해졌다는 점이다. 미디어를 매개로 한 새로운 소리 풍경은 종래의 소리 풍경과 다양하게 교차하고 거기에 영향을 끼치며, 때로는 하나로 합쳐지기도 한다. 이것이 현대 사회의 소리 풍경 현실이다. 매클루언 식으로 말하면, 휴대 전화와 인터넷으로 대표되는 미디어는 현대인에게 이미 신체의 일부이고, 그러한 미디어 자체가 환경화된 것이다.

소리 풍경에 대한 셰이퍼의 연구는 새로운 미디어 문제를 정면에

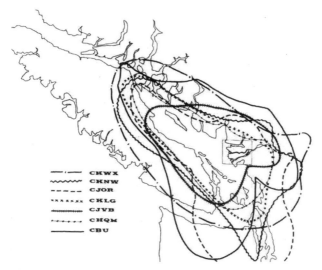

도판 3-22 | 밴쿠버의 각 라디오 기지국에서 소리가 들리는 범위[106]

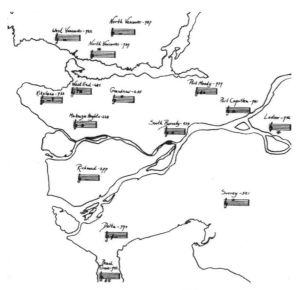

도판 3-23 | 밴쿠버의 전화기 호출음 피치[107]

서 다루지는 않는다. 그러나 그가 이를 전혀 염두에 두지 않은 것은 아니다. 예를 들면, 도판 3-22와 3-23은 『밴쿠버의 소리 풍경』에서 가져왔는데, 밴쿠버 각 라디오 기지국에서 들리는 범위와 당시 전화기 호출음의 지구(地區)에 따른 소리 정도의 차이를 나타낸다. 이 소리들이 장래 소리 풍경 디자인 활동의 대상이 될 가능성을 나타낸다. 그러나 이 새로운 미디어의 소리를 취급하는 경우의 기본 태도는 그것들을 종래의 소리 풍경에 침입해 오는 분열증적 소리(또는 소리 분열증, Schizophonia)로써 비판적으로 규정한다는 것, 거기에는 그러한 소리 세계에서 현대 사회의 현실에 일침을 놓는 접근은 볼 수 없다.

셰이퍼와 그 동료들이 개발한, 소리 풍경 해석 방식에는 도쿄 같은 대도시에는 들어맞지 않는 부분이 있음을 유념해야 한다. 조사의 주체와 대상과 방법이 항상 삼위일체 관계에 있음을 감안하면 이는 매우 당연하다. 애써 그 원인을 찾는다면 셰이퍼와 그 동료들이 조사 대상으로 삼은 현장의 성격에 더하여, 그 연구가 1970년대 전반, 즉 현대에 비해서 미디어의 환경화가 충분히 발전하지 않았던 시기에 이루어진 점을 들 수 있다. 또 셰이퍼가 살던 캐나다와 일본의 생활환경 차이도 들 수 있다. 그러나 가장 큰 이유는 셰이퍼의 소리 풍경 개념과 이를 둘러싼 활동이 본래 생태학 운동의 발상에서 생겨났다는 점이다.

셰이퍼의 소리 풍경 사상은, 공업적 진보를 절대 선으로 삼았던 근대 사상을 상대화하는 관점을 최초로 확립하려 했던 1960년대 북미의 생태학 운동에서 직접적 영향을 받았다. 따라서 셰이퍼는 조화의 원리를 중시하면서, 현대의 소리 풍경에서 인위적 소리와 간접 경험적 소리의 세계가 급격히 늘어나는 것이야말로 오히려 자연의 소리와 직접 체험적 소리 세계의 중요성을 주장해야 하는 이유라고 생각했으며, 그 소리의 중요성을 더 의식적으로 주장했다고 할 수 있다. 셰이퍼에게 소리 풍경 연구는 순수한 학문적 관심에서 비롯한 것이라기보다 소리 풍경 디자인 활동의 일환이었다는 점을 생각하면 이는 쉽게 납득이 간다.

선구자로서 셰이퍼와 그 동료들이 보여 준 연구를 실천해 가면서도 그것을 뛰어넘는 소리 풍경 해석을 자신의 관점에서 전개해 가는 것이 지금 우리에게 맡겨진 과제일 것이다.

소리 풍경을 통해 환경을 파악하다

먼저 셰이퍼의 말을 소개하고 싶다.

마지막으로 경고 한 가지가 있다. 청각과 음향이 마치 별도로 추출 가능한 영역인 것처럼 다루어지는 일이 있을지도 모른다. 하지만 무엇보다 귀는 수많은 감각 기관 가운데 하나라는 점을 잊지 말아야 한다. 실험실에서 나와 현실의 환경이라는 현장으로 나갈 때가 온 것이다. 이 일을 행하려는 것이 바로 소리 풍경 연구이다. 그러나 모든 가능성을 생각하면, 아직 최고의 상태에 도달했다고는 할 수 없는 이 세계에서 소리 풍경 연구도 궁극적으로는 환경 전체를 대상

으로 하는 광범위한 연구에 통합되어야 함은 말할 필요도 없다.[108]

앞에서 살펴본 것처럼 소리 풍경 연구는 고유한 연구 영역으로서도 그 의의가 있다. 그러나 소리 풍경 연구는 궁극적으로 독립된 연구 영역의 확립을 목표로 하는 것이 아니라, 오히려 도시와 환경을 둘러싼 전신 감각적 이해와 다양한 척도의 일부를 구성하는 것으로 자리 잡아야 한다. 이 말은 소리 풍경 연구가 소리 풍경 자체에 대한 연구라기보다는 소리 풍경이라는 사고 방법을 통한 환경과 도시의 이해로 자리 잡아야 함을 뜻한다. 이에 따라 여기에서는 우선 소리 풍경이라는 사고 방법을 기초로 환경을 파악할 때 드러나는 환경에는 어떠한 것이 있고 그 주된 특징은 무엇인지 간단히 정리해 보려 한다.

의미 부여된 환경

소리 풍경의 사고 방법으로 파악된 환경은 '의미 부여된 환경'이라는 특징이 있다. '소리 환경과 소리 풍경의 차이는 무엇인가'라는 질문을 자주 받는데, 이 질문 역시 이 점과 관련이 있다.

음사상이라는 용어에서 설명했듯이, 소리 환경을 소리 풍경으로 파악하는 기본은 사람들이 소리를 듣는 행위를 통해 성립하는 청각적 사건으로 취급하는 것이다. 이런 뜻에서 소리 풍경이란, '개인이나 사회가 어떻게 지각하고 이해하고 있는가에 강조점을 둔 소리 환경'으로 정의할 수 있다.

한편, 지금까지 소리 또는 소리 환경을 파악하는 방법은 데시벨이

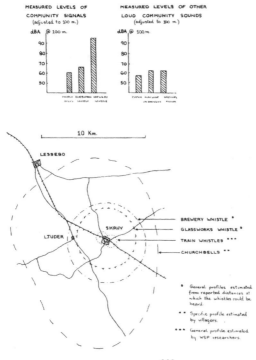

도판 3-24 | 스크루브 마을의 신호음[110]

나 헤르츠로 대표되는 음향학적인 정량 평가가 중심이었다. 이 경우
소리 환경은 대상을 구성하는 물리적 음향 현상의 총체로 취급되는
데, 이러한 생각의 밑바탕에는 '환경은 그 안에 사는 주체와는 무관
하게 존재하는 주변의 물리적 상황이며, 이는 주체에 대해서 일정
자극으로 작용한다.'라는 기계론적 환경관을 기본으로 한다.[109]

 도판 3-24는 스웨덴 남부의 마을 스크루브에서 신호음에 대한 조
사 결과를 정리한 것이다. 철도를 중심으로 발전하고 비교적 공업화

가 진행된 스크루브에서는 기적 소리, 유리 공장과 맥주 공장에서 나는 사이렌, 교회의 종소리가 마을의 생활을 규정하는 공동체 신호 음으로 관찰된다. 여기에서는 이 세 가지 소리와 관련해서 인터뷰에 응한 마을 사람들이 평가한 가청 범위와 조사원이 소음계로 측정한 음량이 나타나 있다.

주목하고 싶은 것은 물리적 측정에서는 공장 사이렌보다도 음량이 적은 교회 종소리의 도달 범위가 마을 사람 평가에서는 가장 크다는 점이다. 교회 종소리는 일요일에 사람들이 가장 잘 들린다고 의식하는데, 그때는 주변 소리 환경의 소음 수준이 비교적 낮아서라는 물리적 측면의 해석도 가능하지만, 기본적으로는 이 마을 사람이 공동체의 상징으로 자리 잡은 종소리를 중요하게 생각하기 때문이다. 결국 도판 3-24에서 소리의 가청 범위란, 마을 사람이 의미 부여하는 세계, 즉 의미론적 환경을 뜻한다.

따라서 소리 환경도 엄밀히 말하면 환경을 보는 관점에 따라 파악 방법이 다르다. 소리 환경과 소리 풍경 사이의 차이가 무엇인지를 답한다면 다음과 같다. 지금까지 소리 환경은 대부분 기계론적 환경 관과 서로 뗄 수 없는 관계였다. 따라서 의미론적 환경관에 기초를 둔 소리 환경을 표현할 때에는 소리 풍경이라는 말을 사용한다.

그러나 기계론적 환경 파악이 소리 풍경 연구와 아무런 연관이 없는 것은 아니다. 이 점에 대해서는 도판 3-7의 등음압 지도에서도 이미 지적한 바 있다. 소리 풍경 연구에서는 종래의 자연과학에서처럼 기계론적 환경관을 유일무이한 절대적인 것으로는 보지 않으며, 기계론적 환경 역시 의미 부여된 환경 가운데 하나로 본다.

'의미 부여된 환경'이라는 개념은 청각적으로 파악한 환경뿐만 아니라 시각적으로 파악한 환경의 실태에도 적합하지만, 구성 요소 대부분이 사물이라는 실체로 나타나는 시각적 환경에 비해서 청각적 환경은 소리라는 현상들로 구성되는 만큼 의미 부여라는 특징이 더 두드러지게 나타난다.

기억으로서의 환경

소리 풍경이라는 사고 방법으로 파악한 환경에는 '기억으로서의 환경'이라는 특징도 있다. 도판 3-4를 참조해 보자. 이 도판에 기록된 몇 가지 소리에는 시간이 적혀 있다.

예를 들면, 교회에는 "~Bells 11:00, ◎ Bell 11:15, ◎◎ Bell 11:30"이라고 적혀 있다. 이는 소리 풍경이 기록된 30분 사이에 종소리가 11시에 몇 차례, 15분에 한 차례, 30분에 두 차례 울렸음을 뜻한다. 오른쪽 하단과 왼쪽 하단에 "Tractor 11:05 Heavy Truck 11:24……"이라고 적힌 것은 '11시 5분에 트랙터가 교회에서 오른쪽 방향으로 달린다. 또 11시 24분에는 교회 좌측에서 커다란 트럭 소리가 들린다.'라는 사실을 나타낸다. 이로부터 우리는 이 소리 풍경의 전체상이 한순간에 파악된 게 아님을 헤아릴 수 있다.

시각적 경관은 정지 화상이고 사물 속에 고정되어 있다. 따라서 동시적이고 순간적인 파악이 가능하다. 그에 비해 청각적 경관인 소리 풍경은 시간의 경과 속에서 끊이지 않고, 나타나고 사라지는 현상인 소리에 대한 기억의 집적이다.

도판 3-4에서도 순간순간만을 다루면 거기에서 울리는 소리는 극

히 한정된다. 이 점만으로는 마을 소리 풍경의 전체상을 도저히 파악할 수 없다. 결국 11시부터 30분 동안이라는 일정한 시간 축 안에서 들려온 소리를 집적함으로써만 소리 풍경을 알 수 있는 것이다.

이런 일은 일상생활에서 소리 풍경을 파악할 때에도 일어난다. 처음으로 방문한 장소에서도, 오랫동안 사는 곳에서도 기본 원리는 변하지 않는다. 소리 풍경의 도상화(圖像化)는 듣는 사람의 기억과 그가 떠올리는 이미지 안에서 기억이 어떻게 구성되는가에 달려 있다. 시각 풍경을 이야기할 때에도 이 말은 꼭 들어맞지만, 소리 풍경은 현상으로서의 소리가 집적됨으로써 구성된다는 점에서 풍경을 파악하는 데 기억과 이미지의 중요성이 훨씬 두드러진다.

동일한 종소리의 가청 범위를 나타낸 도판 3-25는 기억의 중요성을 다른 형태로 나타낸다. 특히 주목할 부분은 점선으로 나타낸, 1900년 초반 종소리의 가청 범위이다. 이는 실선으로 나타낸 1975년 종소리의 가청 범위와 같이 비싱겐 마을 사람들(특히 노인들)을 대상으로 한 청취 조사에서 얻은 것이다. 이 점선이 나타내는 종소리의 도달 범위는 기억으로만 존재할 뿐이고 현재는 완전히 잃어버린 것이다. 그러나 이는 완전히 과거의 소리만은 아니다. 이 소리는 노인들 신체에 깊게 새겨져 있고, 신체의 기억과 더불어 현재에도 계속 살아 있다.

소리 풍경에서는 이렇게 들리지 않는 소리가 대상화되는 경우가 있다. 또한 그런 기억의 소리가 특정한 소리 풍경에서 중요한 의미를 갖는 경우가 있다. 이는 눈에 보이는 풍경에서 보이지 않는 사물의 중요성을 찾는 것 이상으로 유효할 것이다.

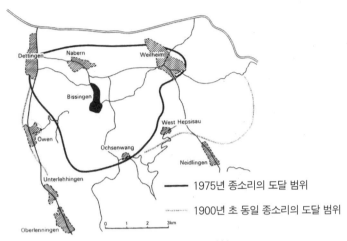

도판 3-25 | 비싱겐 마을 교회 종소리의 가청 범위[111]

프로세스로서의 환경

소리 풍경에서 주목해야 할 또 다른 차원이 있다. 하루나 한 해라는 주기 속에서 전개된 소리 풍경의 변화, 리듬과 주기가 존재한다. 이로부터 소리 풍경이라는 개념으로 파악된 환경에는 '프로세스로서의 환경'이라는 특징이 있다.

도판 3-26은 밴쿠버 근교의 작은 연못 근처를 스물네 시간에 걸쳐서 기록한 자연의 소리 풍경 구성 요소를 분석한 그래프다. 마지막 새소리가 거의 사라져 가는 해 질 녘, 개구리가 울기 시작하고 그 소리가 절정에 달하는 오전 0시를 넘은 무렵, 그리고 나서 서서히 조용해지고, 새벽에 새들이 다시 지저귀기 시작하는 하루의 리듬을 나

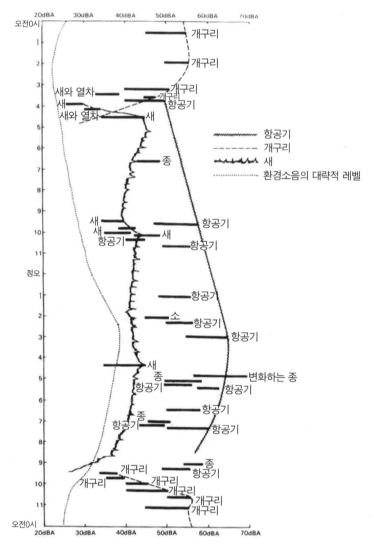

도판 3-26 | 밴쿠버 교외 소리 풍경의 일주기[112]

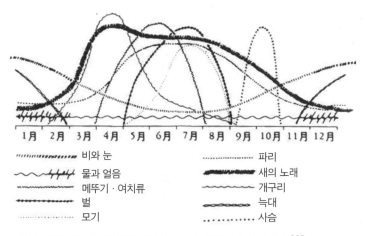

| | | | | | | | | | | | |
|1月|2月|3月|4月|5月|6月|7月|8月|9月|10月|11月|12月|

〜〜〜〜 비와 눈		━━━━ 파리
〜〜✕✕✕ 물과 얼음		━━━━ 새의 노래
〜〜〜〜 메뚜기·여치류		〜〜〜 개구리
✦✦✦✦✦ 벌		〜〜〜 늑대
·········· 모기		·········· 사슴

도판 3-27 | 자연의 소리 풍경 연주기(브리티시콜롬비아 주 서해안)[113]

타낸다. 한편, 도판 3-27은 브리티시콜럼비아 주 서해안의 소리 풍경을 구성하는 요소가 한 해 동안 어떻게 변화했는지를 나타낸 것이다.

소리 풍경의 일주기(日週期) 또는 연주기(年週期)는 자연에만 특별히 존재하는 게 아니다. 도판 3-28은 이탈리아 쳄브라 마을의 한 해 동안 소리 풍경의 변화를 나타낸 것이며, 도판 3-29는 평일과 일요일 도쿄 아키하바라 중앙 거리의 소리 풍경 변화를 나타낸 것이다.

소리 풍경의 존재 방식을 통해 우리는 환경이 본래 새와 벌레의 활동과 더불어, 또는 그 땅에 사는 사람들의 생활과 더불어 살아 있는 실태로 존재함을 깨닫는다. 소리 풍경에서는 기본적으로 환경을 생성하고 변화해 가는 하나의 과정으로 파악한다고도 말할 수 있다. 그리고 소리 풍경을 통해 부각되는 환경의 존재 방식은 우리에게 언

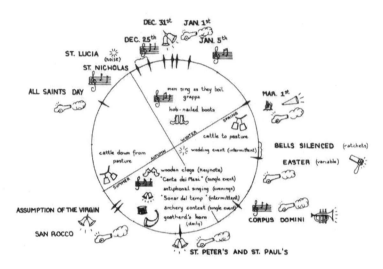

도판 3-28 | 첸브라 마을이 소리 풍경 달력[114]

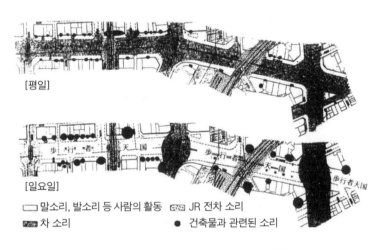

[평일]

[일요일]

☐ 말소리, 발소리 등 사람의 활동 ⬚ JR 전차 소리

▰ 차 소리 ● 건축물과 관련된 소리

도판 3-29 | 아키하바라 중앙 거리의 평일과 일요일 소리 지도[115]

뜻 정지 화상처럼 보이는 경관도 실은 시간이나 계절과 더불어 시시각각 모습을 바꾸는 것임을 확실히 의식하게 한다.

아침과 저녁의 빛 상태에 따라 눈에 비치는 경관이 미묘하게 바뀌거나 한낮과 저녁에는 도로를 걷는 사람들 모습이 달라져서 거리 표정이 변화하는 것과 비교하면, 소리 풍경의 모습은 하루의 흐름 속에서 시간에 따라 완전히 바뀔 정도로 그 변화가 매우 역동적이다. 눈에 비치는 경관에 비유하자면 아침에 있던 건물과 담이 한낮에는 완전히 사라지는 것 같은 일이라고 할 만하다. 이런 뜻에서 소리 풍경은 시각 경관에 비해 정보량이 크다고 할 수 있다. 즉 소리 풍경은 눈에 비치는 풍경에 무한의 음영과 미묘한 뉘앙스를 부여한다.

시간 축에 따라 전개되는 소리 풍경에는 리듬과는 다른 템포라는 것도 있다. 템포는 각각의 소리 풍경이 갖는 기본 속도를 말한다. 눈이 돌듯 늘 변화하는 빠른 템포의 소리 풍경이 있는가 하면, 거의 알아차릴 수 없을 정도로 느린 템포의 소리 풍경도 있다. 같은 소리 풍경이라도 액셀러레이터나 브레이크를 밟는 경우도 있다. 소리 풍경의 이런 특징이 시각 환경에서 의식되는 기회는 적다. 그러나 템포 역시 청각 환경뿐만 아니라 시각 환경에서도 충분히 적용할 수 있다.

마지막으로 다시 셰이퍼의 말을 상기해 보자.

소리 풍경 디자이너가 맡아야 할 첫째 직무는 듣는 방법을 배우는 것이다.

도시나 자연 환경과 마주하여 귀 기울여야 하는 사람은 음악가이며, 현대 사회의 다양한 소리 환경을 현재 실질적으로 담당하는 사람은 건축가와 도시 계획가이다.

제3장

소리 풍경 디자인

지금까지 고찰한 작곡 활동, 독자적 교육 프로그램, 소리 풍경 해석을 위한 원리와 방법론 개발, 소리 환경을 대상으로 한 조사 연구, 나아가 소음 규제와 소리 환경 보전에 미치는 여러 다양한 활동은 모두 소리 풍경 디자인이라는 구상 속에 위치한다고 할 수 있다.

소리 풍경 디자인이란 '소리 풍경이라는 사고방식에 기초를 둔 디자인 활동'을 뜻한다. 소리 풍경 디자인은 좋은 소리 만들기나 사물 만들기를 훨씬 뛰어넘는 이념이자 사상이다. 동시에 환경 계획과 마을 만들기라는 실천의 장에서는 종래의 모든 디자인 활동 영역에 도입되어 내용을 한층 충실하게 하는(때로는 변혁하는) 역할을 한다.

소리 풍경 개념은 오늘날 예술과 디자인 양쪽에 모두 뜨거운 메시지를 전한다. 이를 통해 예술과 디자인 전반을 포함해 현대 사회가 안고 있는 문제의 본질을 볼 수 있다. 소리 풍경이라는 사고방식을 접한 디자이너는 자기 활동에 새로운 통찰과 지평을 얻으며, 디자인 활동 자체를 전혀 다른 각도에서 파악할 수 있다.

사상으로서의 소리 풍경 디자인

소리 풍경 디자인의 구상

여기에서는 다시 셰이퍼가 소리 풍경 개념을 기초로 해서 제창한 소리 풍경 디자인의 정의를 확인하고 그 내용을 고찰해 보려 한다.

소리 풍경 디자인은 자연과학자, 사회과학자, 예술가(특히 음악가)의 재능이 필요한 새로운 학제 영역이다. 이것은 소리 환경, 다시 말해 소리 풍경의 미적인 질을 개선하기 위한 원리를 발견하고자 한다. 이를 위해 소리 풍경 디자인은 소리 풍경을 우리 주변에서 끊임없이 전개되는 거대한 음악 작품이라고 상상한다. 그리고 그 구성과 형식을 어떻게 개선하면 풍부하고 다채로우면서도 인간의 건강과 복지를 결코 파괴하는 일이 없는 소리 효과를 만들어 낼 수 있는지를 묻는다. 소리 풍경 디자인의 원리에는 특정한 소리를 삭제하거나 규제하는 것(소음 규제)을 비롯하여, 새로운 소리가 환경 속으로 제멋대로 퍼져 나가기 전에 그 영향을 검토하는 것, 특정한 소리(표식음)를 보존하는 것, 무엇보다 소리를 상상력이 풍부하게 배치하고 미래를 향해 매력적이고 자극적인 소리 환경을 상상하는 것 등이 포함된다. 소리 풍경 디자인에는 소리 환경의 모델을 창작하는 일도 포함되는데, 이 점에서 현대 음악 작곡과도 맥락이 이어져 있는 영역이다.

여기에서 특징적인 것은 소리 풍경 디자인의 활동 내용이 몇 가지 다른 차원에까지 미치고, 전반적으로 볼 때 지극히 광범위한 영역에 걸쳐 있다는 점이다. 먼저, 소리 환경의 사회적, 심리적, 미적인 질을 개선하는 원리를 발견하기 위한 구체적 활동의 형태라고 정의할 때, 소리 풍경 디자인이란 소리 환경을 둘러싼 조사 연구 활동이라고 할 수 있다. 다시 말해 셰이퍼가 보여 준 인간과 소리 환경 사이의 조직적 관계를 다루는 연구, 소리 환경이 그곳 주민들의 신체적 반응과 행동에 미치는 영향을 연구하는 음향 생태학(WSP를 모체로 한 소리 환경에 관한 현장 조사. 제2장에서 소개한 소리 풍경 해석을 위한 새로운 개념의 도입과 이를 시각화하기 위한 각종 소노그래피 개발 등이 여기에 포함된다.) 역시 기본적으로는 소리 풍경 디자인의 틀 안에 포함된다.

다음으로 소리 풍경 디자인에는 소리 삭제와 규제, 소리 보존, 소리 환경 창조라는 활동 영역이 있다. 앞에서 말한 조사 연구 활동이 소리 풍경 디자인의 이론적 측면을 다루는 것이라면, 이 영역은 기술적, 실천적 측면을 다루며 실제 음향 레벨에서 생기는 활동 등을 모두 포함한다. 셰이퍼가 종종 소리 풍경 디자인과 동의어로 사용하는 음향 디자인이라는 용어는 기초 연구 영역인 음향 생태학을 가리킬 때보다는 오히려 이와 같은 실천적 영역을 가리킬 때 사용하는 편이 좋다고 본다.

한편, 소리 풍경 디자인은 교육 방법으로도 나타나는데, 거기에는 소리에 관한 교육 차원의 모든 활동(구체적으로는 제2장에서 소개한 소리 교육을 위한 각종 연습 프로그램)도 포함된다. 더 나아가서는 현대 음악 작곡과도 맥락이 닿는 소리 환경의 모델 만들기 차원도 담겨 있어 어떤 의미에서는 「별의 여왕」이나 「달을 물려받은 늑대」와 같은 작품 창작도 소리 풍경 디자인에 포함된다고 할 수 있다.

소리 풍경 디자인 구상에 도입한 여러 영역과 활동은 이상과 같이 정리할 수 있다. 하지만 그 영역과 활동 내용은 실제로 서로 깊고 밀접하게 관련되며, 간단히 분리할 수 없다는 사실도 잊지 말아야 할 것이다. 예를 들면, 한 지역에서 벌이는 소리 풍경 현지 조사는 (이 조사를 좋아하든 좋아하지 않든 상관없이) 소리 풍경에 대한 지역 주민들의 의식을 높일 수 있다. 표식음의 발견은 이를 보전하는 운동으로 이어지기 쉬우며, 지역 소리 환경의 문제점이 명확해진 결과 이를 실제로 개선하는 작업이 시작되기도 한다. 한편, 소리 교육 역시 프로그램에 따라서는 단순히 교육 활동으로만 그치지 않고 조사 연구 활동의 기능을 하는 경우도 있다.[116] 게다가 소리 산책 같은 프로그램은 경우에 따라서는 예술 행위로 전개하는 일도 가능하다.

소리 풍경 디자인이란

지금까지 고찰한 것처럼 소리 풍경 디자인에서 디자인이라는 말은 대단히 넓은 의미로 쓰임을 명확히 알 수 있다. 디자인이라는 용어는 일반적으로 그래픽 디자인, 음향 디자인, 도시 디자인 등 전문 영역과 관련한 활동을 뜻한다. 하지만 디자인이라는 말은 본래 '기획하다/설계하다'라는 뜻이고, 더 나아가 본질적으로는 '계획하다/의도하다'라는 뜻이다. 따라서 이런 뜻에서 볼 때 우리가 하는 다양한 활동은 거의 대부분 디자인 행위에 포함된다. 다만, 디자인이라는 행위의 특징은 '실현될 만한 것을 구상하고 기획하고 계획하는 단계를 중요하게 여긴다.'[117]라는 점이다. 소리 풍경 디자인은 교육 활동이자 조사 연구 활동으로, 다시 말해 소리 풍경이라는 사고방식을 기초로 해서 의식적으로 시행하는 모든 기획/계획 행위를 가리킨다.

소리 풍경 디자인에서 디자인 행위의 직접적 대상은 소리 풍경이 아니다. 공업 디자인이라는 용어가 공업을 디자인한다는 뜻이 아니라 '대량 생산과 대량 소비라는 공업화된 사회와 기술의 시스템에 근거한 디자인 활동'을 뜻하는 것과 마찬가지로, 소리 풍경 디자인이란 '소리 풍경이라는 개념과 사고방식에 근거한 각종 디자인 활동'을 뜻한다.

이런 뜻에서 볼 때, '소리 풍경이라는 사고방식에 근거한 조사 연구 활동'은 이미 고찰한 음향 생태학, 즉 소리 풍경 연구에 해당한다. 소리 풍경이라는 사고방식에 근거한 교육 활동은 사운드 에듀케이션에서 제시하는 여러 프로그램에 해당하며, 음악 활동은 「별의 여왕」이나 「달을 물려받은 늑대」 같은 작품을 창작하고 실연하는 것이다. 이 모든 것이 셰이퍼가 말하는 소리 풍경 디자인 활동이라고 해석할 수 있다.

예술과 디자인의 통합

이 같은 기본 사항을 근거로 소리 풍경 디자인 구상의 의의를 검토해 보면 다음과 같은 점이 명확해진다. 차세대 창조 활동의 틀로서 셰이퍼가 제창한 소리 풍경 디자인은 일상성 또는 기능성과 안

이하게 타협한다든지, 자율 음악이 생기기 이전의 기회 음악적인[118] 자세로 복귀하는 것을 뜻하지 않고 디자인과 예술 양쪽 영역을 한 층 높은 차원으로 통합하려는 현대적 의식의 표현 가운데 하나다. 셰이퍼는 다음과 같이 말했다.

> 새로운 지각 형태를 개척하고 지금까지와는 다른 몇 가지 생활양식 을 그려 내는 것이야말로 예술의 역할이다. 예술이란 늘 사회의 바 깥쪽에 존재하기 때문에, 예술가란 손쉽게 명성을 얻을 것이라고 기 대해서는 안 된다. 디자이너의 정신 또한 비현실의 세계에서 방황 한다. 하지만 동시에 그는 무척 실제적인 보존 수리 작업에도 참여 한다.[119]

셰이퍼는 이상과 현실 양쪽 세계에 명확한 기반을 구축한 예술가 (디자이너)라는 진정한 창조자의 모습을 제창했다. 이는 새로운 체 질의 예술가다. 물론 이와 같은 진술에는 현대 사회의 예술과 디자 인 양쪽의 실태에 대한 본질적 문제 제기가 담겨 있다. 예술가는 성 스러운 세계에 스스로를 가두고 현실 세계와 동떨어져서 또한 디자 이너는 현실 사회 속에서 기능주의와 효용성 또는 형태의 아름다움 만을 추구하기 때문에, 서로 잊어버린 게 있지는 않은지에 대한 문 제의식을 담고 있다. 이는 예술가와 디자이너 본연의 자세에 대해 묻는 것이다.

오늘날 예술과 디자인을 둘러싼 상황은 이 문제 제기의 본질이 어 디에 있는지를 명확하게 보여 준다. 소리 풍경 디자인은 이미 1970

년대에 제창되었지만, 새로운 창조 활동의 방향이라는 측면에서 지극히 현대적인 의의가 있음을 알 수 있다.

현대 사회에서 예술을 둘러싼 문제

요즈음, 예술(아트)의 영역에서는 환경에 자신을 열어 가는 것을 지향하는 환경 예술 활동이 여러 형태로 전개된다. 그렇지만 이러한 예술 내면의 변혁에 비해 예술을 둘러싼 기존 이론과 제도의 변혁은 뒤따라오지 못하는 상태이다. 근대 서양 미학에서 미는 자연미, 기술미, 예술미 세 가지로 크게 나뉜다. 자연미가 '자연계에 이미 있는 것'에서 미를 발견하는 것인 반면, 나머지 둘은 '인간이 만들어 낸 것'에서 미를 발견하는 것이다. 기술미는 미 말고도 다른 가치와 기능이 있는 인공물에서 미를 발견하는 것이고(디자인에서의 미), 예술미는 오로지 '미적 가치'만을 위해 만든 인공물에서 미를 발견하는 것이다.[120]

예술 미학은 작가가 어떤 소재를 써서 어떻게 미적 구축물로서의 작품, 즉 미적 인공물을 창조하는지를 문제로 삼는다. 그러나 셰이퍼가 창작한 호수 위의 오페라 「별의 여왕」이나 크리스토가 공공 건조물을 천으로 덮어서 보여 준 환경 예술의 의미는 자연과 도시 환경 사이의 역동적 교류를 통해 처음으로 성립되었다. 이 작품들에서 새로운 예술의 기능은 인공물 속에 미적 상황을 실현하는 것이 아니라, 인공물을 통해서 사람과 자연과 도시 사이의 미적 관계를 매개하는 것이다. 서로 분리된 미적 영역을 역동적으로 교류시키는 것이야말로 현대 환경 예술 활동의 의의라 할 수 있다. 시대가 변하면

도판 4-1 | 토목 시설에 대한 과도한 장식의 예[121]

예술도, 아트도 또한 그 이름으로 행했던 여러 가지 활동의 실태도
당연히 변한다. 이론과 제도 역시 동반해서 변하기 때문에, 변화의
와중에는 현실과 이론 또는 제도 사이에 어느 정도 간극이 생겨나
는 것은 자연스럽다. 하지만 이전처럼 각각의 미가 별도로 공존한다
는 발상으로는 새로운 유형의 예술을 절대 파악할 수 없다. 그러나
현재까지도 19세기 근대 예술 제도와 미학을 기반으로 해서 다양한
실천과 평가를 행하고, 어떤 미적 상황을 둘러싼 혼란이 실제로 전
개되는 경우가 적지 않은데, 이 역시 문제라고 할 수밖에 없다.

예를 들어보자. 오늘날 공공 공간 디자인에서 자주 화제가 되는
것 중 하나가 퍼블릭 아트(public art)다. 이를 잘못 오해하면 공공
공간에 이전 형태의 아트 오브제(art objet)를 두는 것으로 여겨져
조각 공해가 양산된다. 또 공공 공간을 대상으로 한 환경 디자인에
서 목표로 해야 할 미의 개념이 이전의 사고방식을 벗어나지 못하
고 도로 등의 토목 건축물을 과도한 장식적 디자인으로 치장해 버
리는 경우도 있다. 게다가 소리 환경 디자인 또는 인간을 위한 서비
스라고 하면서 공원 같은 야외 공간에 불필요한 음악을 아무렇게나

풀어 놓는 문제도 모두 본질적으로 원인이 같다고 할 수 있다.

셰이퍼는 사람들의 미적 감성을 도시와 자연의 환경 전체로 해방해 가는 것을 음악 활동의 목표로 삼았다. 또한 그러는 것이 음악을 포함한 예술 활동의 새롭고 본질적인 기능이라는 사실을 명확하게 인식했기에 그는 기존의 예술 또는 아트의 개념과 내용, 틀 자체의 폐쇄성과 한계를 느꼈던 것 같다. 소리 풍경 디자인을 "실제로 소리 환경 창작도 포함하며, 이 점에서 볼 때 현대 음악 작곡과 연속성이 있는 영역"이라고 논한 것은 이 때문이다. 셰이퍼는 음악 활동을 디자인이라는 더 넓은 의미 속에 위치시키려 했고, 그럼으로써 음악을 더 광범위한 활동과의 관계 속에서 표현하는 것이 어울린다고 생각했다.

사상으로서의 소리 풍경 디자인

이상과 같은 고찰을 토대로 셰이퍼가 제창하는 소리 풍경 디자인의 의의를 검토해 보자. 소리 풍경 디자인은 예술의 세계에 갇혀 있던 음악에 대해 현실 세계와 관계를 다시 회복하라고 호소한다. 한편, 바우하우스 운동은 디자인에서 사상성을 회복할 것을 주장하면서 예술과 현실 두 영역에 환경/에콜로지라는 새로운 좌표를 제공하려고 했다. 예술의 사회적 의미가 새삼스럽게 질문되는 한편 디자인을 둘러싼 제반 문제가 여러 가지 형태로 관심을 모으는 현대의 상황 속에서 소리 풍경 디자인이라는 사고방식은 예술과 디자인 사이에 존재하던 기존의 경계선을 해체한다. 그럼으로써 예술과 디자인 활동을 한편에서는 환경을 향해 해방하고, 한편에서는 생활에 더 뿌리 내리게 하려는 방향성을 명확히 내세운다. 이는 그 자체로 매우 커다란 의의가 있다.

하지만 여기에서 소리 풍경이라는 사고방식에 근거한 모든 실천을 소리 풍경 디자인이라고 부르면서, 그 독자적 영역을 확립하고자 한다면 커다란 문제가 발생할 것이다. 소리 풍경은 원래 청각을 매개로 환경과 경관을 파악하는 방법으로서 오감 전체를 회복하려는 것이고, 최종적으로는 환경 전체를 대상으로 폭넓은 연구와 실천의 틀 안에서 이를 통합해 나가려는 게 목표이기 때문이다.

사실 앞에서 말한 구상에 따르면, 소리 풍경이라는 사고방식에 기초를 둔 현지 조사와 교육 프로그램은 소리 풍경 디자인을 실천하는 일 자체라고 할 수 있다. 하지만 이 활동들은 자신을 소리 풍경 디자인이라고 규정하지 않는다. 이들은 기존의 환경 연구와 풍경론, 교육 현장과 이론 안으로 들어가 각 영역에 새로운 사고방식을 도입하고 기존 영역을 더 충실히 채워 나가는 것을 목표로 한다. 마찬가지로 「별의 여왕」과 「달을 물려받은 늑대」 같은 작품도 소리 풍경 디자인에 기초를 둔 작곡 활동의 산물이라 할 수 있다. 하지만 이들은 그보다 앞서 음악의 새로운 지평을 개척하는 활동으로, 또 소리의 측면에서 접근하는 환경 예술의 하나로 자리 매김 되어야 한다.

이러한 자리 매김 없이 그 활동에 직접 소리 풍경 디자인이라는 상표를 붙인다면 거기에서 어떤 위험이 발생할 것이다. 다시 말해 통합의 이념을 내세우면서 세분화 영역을 형성해 갔던 바우하우스와 같은 모순에 처할 것이 틀림없다. 청각을 매개로 해서 환경과 풍경을 둘러싼 다양한 활동을 통해 인간 생활에 뿌리박은 전신 감각적인 감성 회복을 목적으로 하면서도 청각만을 추출하여 독립된 영역을 확립하고자 한다면 바우하우스보다도 더 크고 명확한 자기모순에 빠질 것이다.

소리 풍경 디자인이란 이전의 디자인 개념을 훨씬 뛰어넘어 소리 풍경이라는 사고방식에 기초해 의식적으로 행하는 모든 활동을 포함한다. 소리 풍경 디자인은 환경에 대한 조사 연구에서부터 보전과 교육에 이르기까지 앞으로 있을 여러 활동에서 청각적 발상을 잊지 않고 받아들이기를 주문한다. 또한 환경을 이야기할 때, 각 환경 속에서 살아가는 주민들의 입장에 선 환경관을 갖기 바라는 것이다. 이렇게 볼 때 소리 풍경 디자인은 구체적인 활동의 배경에 있는 하나의 사상이자 이념으로 자리 잡는다.

청각의 의식화

그런데 셰이퍼가 말한 것처럼 소리 풍경 디자인의 첫 번째 과제는 '듣는 것을 배우는 것'이다. 환경에 관한 어떠한 디자인 활동도 지표로 삼아야 할 것은, 그 환경을 대상으로 한 소리 풍경 조사에서 얻는 식견이다.

그러나 소리 관련 교육 프로그램과 소리 환경 조사 연구에 종사하면서 기존 예술과 디자인 활동의 문제점을 지적하고, 이들을 더 높은 차원으로 통합해 가는 일을 할 때, 소리 풍경 디자인이라는 표어를 그저 기초로 삼자고만 주장한다면 이는 공허한 구상이다. 왜냐하면 예술이나 디자인의 가장 큰 특징은 어떤 주장을 할 때 단지 구호에 그치는 것이 아니라 이를 구체적 프로젝트를 통해 체험적으로 이해한다는 점에 있기 때문이다.

소리 풍경이라는 사고방식은 평소 환경과 마주 대하는 것을 기본으로 한다. 따라서 환경 디자인 영역에서 소리 풍경 개념을 도입해서 구체적 활동 사례를 만들어 내려 한다면, '귀를 연다'든지, '듣는 것을 배운다'는 것이 구체적으로 어떠한 것인지를 보여 주어야 한다. 반대로 개별 디자인 행위에 앞서서 소리 풍경 연구가 어떠한 것인지를 구체적으로 보여 주어야 한다. 이를 실천할 수 없다면 지금까지 고찰해 온 소리 풍경 디자인의 이념이나 구상은 한갓 말장난에 그치고 말 것이다.

그런데 이와 관련해서는 셰이퍼와 그 동료들이 보여 준 사례가 존재하지 않는다. 지난 십여 년 동안 필자가 해 온 여러 활동들은 그 실천이 가능한지, 가능하지 않은지를 실제 시험해 보는 것이었다. 따라서 이 장에서는 필자 자신이 소리 환경 디자인의 일환으로 추진해 온 프로젝트를 예로 들면서 소리 풍경이라는 사고방식과 환경을 둘러싼 기존 디자인 활동이 어떠한 관계에 있는지를 논해 보고자 한다.

청각과 오감의 의식화

소리 풍경이라는 사고방식의 기본으로 돌아가 보자. 이는 시각이 드리운 그늘 탓에 일상에서 자주 무의식화하는 현대 환경에서 청각적 감성과 사고를 환기하려는 것이다. 눈만으로는 파악하기 어려운 주변 환경을 귀를 기울임으로써 파악해 보자는 메시지가 담겨 있다.

따라서 소리 풍경에 기초를 둔 디자인 사상은 '공간에는 거기에 어울리는 청각적 경관이 있음'을 분명히 하는 것 이상의 의미를 담고 있다. 특히 공공 공간의 환경이나 경관과 관련한 디자인 활동이 자칫 소홀히 하기 쉬운 청각적인 요소 또는 소리 환경에 대한 배려를 잊지 말자는 이념을 담고 있다.

여기에서 명심해야 할 것은 소리 풍경(청각적 경관)이라고 할지라도 반드시 시각에 대한 청각의 우위를 전제하는 것은 아니라는 점이다. 우리는 일상생활에서 다양한 공간 체험을 하는데, 소리 풍경이라는 사고방식은 이 체험에서 청각적인 의식을 환기한다. 그와 동시에 우리의 체험 공간은 애초부터 전신 감각적인 것이므로 이를 시각, 청각, 촉각 등으로 분리하는 것은 가능하지 않다는 것이며, 가장 중요한 것은 공간에 대한 배려와 그 분위기임을 시사한다. 아스팔트, 흙, 자갈길에서 각각 발소리가 다르다는 사실을 앎으로써 그곳의 감촉, 공기의 온도와 습도, 냄새도 다르다는 사실도 동시에 알 수 있다는 것이다.

다키렌타로 기념관 정원 정비

1992년 오이타 현 다케타 시에 문을 연 다키렌타로 기념관의 정원은 이러한 사고방식을 토대로 정비한 것이다. 다케타 시는 아소구주 산맥과 풍족한 자연에 둘러싸인 구릉지에 있으며, 오랜 역사가 있는 오카 성을 기반으로 번영한 성하 마을이다. 일본에서 서양 근대 음악 여명기에 최초의 본격 작곡가로 활동한 다키렌타로(瀧廉太郎, 1879~1903)는 아버지의 직업 때문에 감수성이 예민한 소년 시

도판 4-2 | 다키렌타로 기념관

도판 4-3 | 다키렌타로 기념관 팸플릿

도판 4-4 | 오카성터

도판 4-5 | 성하 마을인 다케타 거리

절을 다케타 시에서 보냈다. 메이지 24년, 아버지가 오이타 현 나오이리장으로 임명되자 가족과 함께 다케타 시로 옮겨 왔다. 당시 이들 일가가 산 관사가 바로 다키렌타로의 옛집으로, 현재의 다키렌타로 기념관이다.

이 집은 본래 오카 항의 영주인 나카가와 집안의 가신이 살던 곳으로, 당시에는 300평에 가까운 사무라이 저택이었다. 하지만 그 후 부지가 점점 분할되어, 시에서 만든 관광 지도를 보면 일가가 살던 안채가 다키렌타로의 옛집이라고 적혀 있지만 실제로는 오랫동안 일반 주택으로 사용되었다. 1990년 다케타 시에서 이 주택을 사들여 두 해 뒤에 완성한 게 다키렌타로 기념관이다.

기념관 전체 구상을 감수한 분은 건축가인 고 기시마 야스후미(木島安史)[122]였다. 나는 동료의 의뢰를 받아 기념관의 정원 정비 계획에 참여하기로 했다. 기시마 씨의 설명은 다음과 같았다.

"애초에 안채에 해당하는 기념관 건물 쪽은 다키렌타로 가족이 살던 당시처럼 복원하는 것을 기본으로 합니다. 하지만 정원 쪽은 당시 부지의 일부밖에 남지 않아서 어느 정도 설계가 필요합니다. 기념관 주인공이 당시 유명한 작곡가였기 때문에 소리 환경의 측면에서 그 취향을 살리고 싶다는 것이 다케타 시 측의 의향이며, 제 희망이기도 합니다."

이 말을 듣고 가장 먼저 흥미롭게 생각한 것은 프로젝트가 다키렌타로가 소년 시절을 보낸 바로 그 땅에서 이루어진다는 점이었다. 또한 그가 실제 생활한 집이 남아 있고 이를 복원하는 방향으로 계획이 진행된다는 점이었다. 「꽃」과 「황성의 달」의 작곡자로 널리 알려진 다키렌타로는 어떤 소리 풍경 속에서 소년 시절을 보냈을까, 그의 감성을 키운 것은 어떤 소리 풍경이었을까 하는 것에 흥미를 느꼈다. 그가 살던 옛집의 소리 풍경을 알 수 있다면 방문객들이 이를 조금이라도 체험할 수 있도록 소리 풍경을 설계하는 것을 프로젝트의 기본 콘셉트로 삼고 싶었다.

환경 조사

과연 이 기본 콘셉트를 구현할 수 있을까? 가능하다면 구체적으로 어떤 식으로 계획을 입안해야 할까? 고려할 점은 무엇일까? 이를 명확히 하려고 여러 가지 조사를 했다.

먼저 다케타 시가지의 고풍스러운 주택가에 있는 옛집에 몇 번이나 찾아가서 주변 환경 특성을 조사했다. 동시에 시에서 매입할 때까지 그 집에 살던 사람들과 이웃들을 대상으로 집 주변에서 들리는 소리나 예부터 들어 온 소리 등을 청취 조사했다. 다케타 시에서 다키렌타로가 어떻게 생활했는지, 그 환경은 어떠했는지에 대해서 문헌 조사도 했다. 이 과정에서 도판 4-6과 같은 자료도 참고했다.

도판 4-6 | 다이쇼 시대 다케타 시를 그린 수묵화

조사 개요	
관찰 조사	· 옛집과 그 주변 환경 특성 파악
	· 다케타 시와 그 주변 환경 특성 파악
청취 조사	· 소리를 중심으로 한 다키렌타로와 옛집, 다케타와의 관련 파악
	· 이 프로젝트 및 다케타의 마을 만들기 현황 파악
문헌 조사	· 다키렌타로가 들은 옛집의 소리, 다케타의 소리 파악
	· 다케타 마을의 역사와 문화, 마을 만들기 현황 파악

도판 4-7 | 조사 전체 개요

마을 만들기에 적극적으로 관여하거나 다키렌타로와 관계 있는 이들의 이야기도 들었다. 다키렌타로의 옛집과 다케타 시 사이의 관계, 다케타의 마을 만들기와 관광을 둘러싼 현상 등에 대해서도 각종 조사를 했다. 조사 전체 개요는 도판 4-7과 같이 정리할 수 있다.

　이러한 조사를 통해 다음과 같은 점이 분명해졌다. 당시 다케타 시는 오카 항의 성하 마을로 규슈의 작은 교토 같은, 조용하고 차분한 풍정의, 문화 향기가 높은 마을이었다. 다키렌타로는 이 마을의 풍부한 자연과 성하 마을의 여러 가지 소리에 둘러싸여 초등학교를

도판 4-8 | 마루 쪽에서 바라본 정원의 대나무

다녔다. 그는 이 집에서 정원으로 날아드는 참새 울음소리, 숲속에 사는 여우 소리, 집에서 나는 다양한 소리, 정원에서 나는 소리, 다케타 마을의 소리에 귀 기울였다. 지금은 지하 수로로 바뀐 집 앞 도랑과 뒷산 대나무 숲의 울림, 연극과 요쿄쿠(謠曲)를 좋아한 아버지와 음악을 좋아한 누나 등 이 집을 둘러싼 소리 풍경이 다키렌타로의 감수성을 풍부하게 키웠을 것이다. 이는 훗날 수많은 명곡을 탄생시키는 하나의 원천이 되었다.

울림의 정원

조사 결과를 통해 다키렌타로 기념관 정원 정비에서 소리 환경에 대한 기본 구상은 당초 생각한 콘셉트대로 결정했다. 다음으로는 이 콘셉트를 토대로 다키렌타로가 당시 그 집과 정원에서 들었을 것으로 생각되는 다양한 소리 중 몇 가지를 선택해서 이를 복원하거나 새로운 형태로 재현하는 방법을 검토했다. 이 작업을 통해서 추출한 주요한 소리와 그 내용 그리고 실제 정원 정비에서 구현해 간 방법은 다음과 같이 정리할 수 있다. 도판 4-9는 이 요소들의 구현 방법을 평면도에 표시해 놓은 것이다.

대나무의 울림

다케타는 대나무가 많은 마을이다. 옛집 뒷산은 대나무 숲이었다. 대나무가 바람에 휘는 소리, 사각사각 하는 잎사귀의 울림 등 당시 옛집은 풍성한 대나무의 울림으로 둘러싸였다. 현재 그 숲은 시가지 개발 등으로 상당히 줄어들었다.

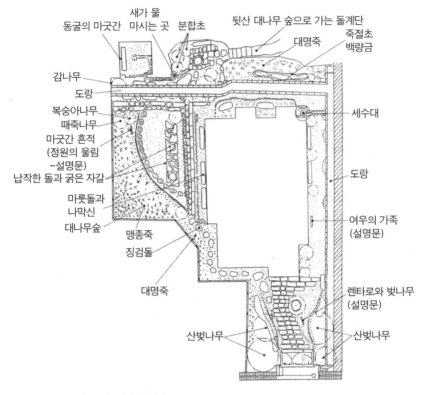

새가 물
동굴의 마굿간 마시는 곳 분합초
뒷산 대나무 숲으로 가는 돌계단
대명죽
죽절초
백량금
감나무
도랑
복숭아나무
때죽나무
마굿간 흔적
(정원의 울림
−설명문)
납작한 돌과 굵은 자갈
세수대
도랑
마룻돌과
나막신
대나무숲
맹종죽
징검돌
여우의 가족
(설명문)
대명죽
렌타로와 빗나무
(설명문)
산벚나무
산벚나무

도판 4-9 | 정원의 평면도

나는 도판 4-8과 같이 정원 나무로 맹종죽(孟宗竹)을 많이 심었
다. 또한 도판 4-16과 같이 옛날 다키렌타로가 올랐을 뒷산으로 통
하는 돌계단을 발굴해 복원하고, 동선을 계산하여 방문자들로 하여
금 다키렌타로가 들었던 것과 같은 대나무 숲의 울림을 체험할 수
있도록 했다.

참새를 비롯한 여러 새들과 동물의 울음소리

뒷산 대나무 숲에는 참새들이 자주 날아와 지저귀었다. 다키렌타로가 작곡한 동요인 「참새」는 여기에서 탄생했다. 참새 외에도 당시 다케타 시에서는 딱따구리와 휘파람새, 여우와 족제비 등 새와 작은 동물의 울음소리를 자주 들을 수 있었다. 옛집 마루 밑에는 여우 가족이 살았고, 동물을 좋아한 다키렌타로는 여우 가족에게 먹이 주는 것을 일과 중 하나로 삼았다.

나는 맹종죽 이외에도 죽절초, 백량금, 감나무, 복숭아나무 등 과실나무를 심어 많은 새들이 정원을 찾게 했다.

도랑의 울림

집 앞 도랑에서는 움폭움폭 하는 왠지 기분 나쁜 소리가 들릴 때가 있었다. 이 지역에서는 그 소리를 도랑 아저씨라는 요괴가 내는 것이라고 여겼고, 다키렌타로는 이 소리를 매우 무서워했다고 한다. 지금도 많은 물이 흐르는 이 도랑은 이제 지하 수로로 바뀌었고, 이로써 옛날의 소리는 들리지 않게 되었다.

나는 기념관 안 토담을 따라 파인 빗물 처리용 도랑을 넓히고 바닥에 높낮이 차이를 둔 후, 집 앞 도랑에서 물을 끌어다 흐르게 했다. 그럼으로써 집 안에서도 물 흐르는 소리를 들을 수 있도록 했다. 한편, 정원 정비 공사 중 예부터 실제로 이용한 것으로 여겨지는 수로 흔적을 발굴해서 이것을 복원 활용하기로 했다.

우물 소리

아소의 복류수인 다케타 시의 유명한 물이 다키렌타로를 키웠다. 당시에는 집 안 어디엔가 우물이 있었을 것이고, 다키렌타로는 날마다 그 물소리와 두레박 떨어지는 소리, 우물의 반향 등을 들었을 것이다.

나는 수로의 흔적과 마찬가지로 다키렌타로 일가가 당시 실제로 이용한 것으로 여겨지는 우물을 발굴했다. 그리고 이 우물을 되살리기로 했다.

징검돌과 나막신의 울림

당시 다케타 시에서는 아이들을 비롯하여 많은 사람들이 나막신을 신고 생활했다. 다키렌타로는 구두를 신은 몇 안 되는 아이들 중 한 명이었지만, 집 안에서는 나막신을 신고 정원의 징검돌을 걸었을 것이라고 생각한다.

나는 징검돌과 마루돌로는 그 고장의 돌을 사용했다. 방문자가 기념관 안에서 전시를 본 뒤 정원으로 내려올 때 나막신을 신을 수 있도록 준비해 두었다. 징검돌 이외에도 납작한 돌과 굵은 자갈을 깔아 두었다. 그럼으로써 나막신을 신고 걸을 때 발소리와 감촉을 통해 다키렌타로가 자란 땅을 체험할 수 있게 했다.

이상이 다키렌타로 기념관 정원 정비 계획의 주요 핵심이며, 소리 환경에 대한 이러한 고민과 배려를 정리한 설명판을 정원의 한쪽에 설치했다.

도판 4-10 | 복원한 수로

도판 4-12 | 복원한 우물

도판 4-13 | 징검돌

도판 4-14 | 마루돌과 나막신

도판 4-15 | 정원의 설명판

도판 4-11 | 정비한 수로

도판 4-16 | 뒷산으로 오르는 계단

이 계획에 대해 두 가지를 언급해 두고 싶다.

첫째, 다키렌타로 정원 만들기는 소리 환경 만들기라는 관점에서 보면 다키렌타로가 체험했을 소리 풍경을 다시 체험할 수 있게 하는, 말하자면 복원에 가까운 작업으로 기존 관점에서 본다면 새로운 창작이 된다는 점이다. 이는 복원이라는 디자인 콘셉트에 청각적 차원을 포함하는 것으로, 역으로 시각적 디자인 차원에서는 자유도가 증가하는 것을 뜻한다.

둘째, 계획은 건축가와 조경가의 깊은 이해와 협력이 있는 덕분에 실제로 착수할 수 있는 부분이 많았다는 점이다. 예를 들면, 계획이 단지 콘셉트만으로 그치지 않고 충실하게 실현된 데에는 '땅을 밟을 때 나는 소리를 쉽게 의식하게 할 수 있는 그 지방의 돌은 무엇인가?'라는 질문에 적절한 돌을 고르는 지식과 감성을 겸비한 이들이 있었기 때문이다. 나 자신은 현장에서 그 지방의 땅과 수목에 대해서 배우는 처지였다. 이런 차원에서 보면 정원 만들기는 상호 워크숍 같은 작업에서 실현한 프로젝트였다고 말할 수 있겠다.

일반적으로 정원 만들기라고 하면 시각 경치가 중심이 되지만, 이 계획에서는 당초부터 소리 환경을 골똘히 궁리하는 것이 조건이었다. 이는 프로젝트의 가장 큰 특징이라 할 수 있다. 보통의 정원 만들기라면 초청하지 않았을 내게 참여 요청을 한 것은 이 때문일 것이다.

소리 환경을 궁리하는 방법에는 여러 가지가 있다. 그중 전자음 등을 통한 소리 만들기가 주가 되는 사운드 디자인적 발상을 통해 시행할 수도 있을 것이다. 하지만 이 프로젝트에서는 인공 음을 새로 첨가하는 것보다는 오히려 그곳의 땅과 공간에 본래 존재하던 소리 환경 자원을 끌어내는 데 주안점을 두는 소리 풍경 디자인의 사고방식을 기준으로 했다. 더욱이 단순히 소리 환경을 배려하는 것을 넘어 소리 환경의 논리를 우선으로 한 점은 다키렌타로 기념관 프로젝트 전체의 성격에 따른 것이었다. 이런 점을 특징적으로 반영한 것이 다키렌타로와 정원의 소리에 대한 설명판 설치이다.

디자인 활동을 지탱하는 환경 세계의 확대

환경 관련 계획에 소리 풍경이라는 사고방식을 도입하는 경우, 기존 디자인 활동에 비해 어떻게 내용이 달라지는지를 이 프로젝트를 사례로 들어 검토해 보고자 한다.

소리 풍경 개념의 도입이 디자인 활동에 끼치는 영향 중 가장 눈에 띄는 것은 디자인 활동의 주체인 디자이너에 의거한 환경 세계 123가 이중의 의미로 확대된다는 점이다. 첫째, 시각 중심의 환경 세계에서 청각, 나아가 오감 전체로 파악하는 환경 세계로 확대된다. 둘째, 디자인 활동이 흔히 인공물 중심으로 구성하는 환경 세계에서 자연계, 나아가 기억과 이미지의 세계도 포함하는 환경 세계로 확대된다. 전자는 앞에서 서술한 부분과 겹치므로 여기에서는 주로 후자에 대해 고찰하고자 한다.

일반적으로 사운드라고 하면 음악과 같은 인위적 소리를 연상하는 경우가 많다. 디자인 활동과 관련해서, 특히 머릿속에 떠오르는 것은 스피커에서 흘러나오는 전기적 소리, 관악기나 카리용(타악기의 일종)과 풍령처럼 소리를 발생시키는 장치에서 나는 소리, 자동

도판 4-17 | 소리 풍경 개념 도입에 의한 소리 세계의 확대

차 소음 등일 것이다. 이에 비해 소리 풍경의 사고방식에서는 소리 환경의 구성 요소로 인공음은 물론이고 비바람 소리, 동물과 곤충의 울음소리 등 자연계의 소리에서부터 인간의 목소리, 발소리, 활동의 소리, 도시의 웅성거림 등 모든 소리를 포함한다. 또 들리는 소리뿐만 아니라 기억과 이미지의 소리도 놓쳐서는 안 되는 중요 요소로 간주한다.

도판 4-17은 소리 풍경 개념을 도입함으로써 소리 환경 계획론에서 음향 세계를 구성하는 소리들이 어떻게 확대되는지를 보여 준다. 우리는 기존에 주요 요소로 여겼던 소리 발생 장치에서 나는 소리에서 시작해(A), 인간 활동 소리 및 자연계 소리로 확대되고(B), 나아가 그 장소에 물리적으로 존재하지 않는 기억의 소리 및 이미지의 소리로 확대되는 것(C)을 볼 수 있다. 다키렌타로가 들었을 다케타 마을의 소리 풍경 역시 이러한 구성 요소로 나누어서 파악할 수 있다. 이 요소들을 정리하면 도판 4-18과 같다.

┌───┐
│ ─── 다키렌타로가 다케타 마을에서 들었던 소리 ─── │
│   │
│   **소리 발생 장치에서 나는 소리**   │
│ **A** 피리 소리, 바이올린 소리, 아코디언 소리, 하모니카 소리, │
│   오르간 소리, 대나무피리 소리   │
│   │
│   **인간 활동 소리**   │
│   가족의 소리, 친구들 소리, 집과 정원을 이동하는 발 소리, 식기 소 │
│   리, 마차 소리, 나막신 소리, 모임의 웅성거림, 터널의 울림, 말을 │
│   돌보는 마부 소리, 정원사가 작업하는 소리, 아이들 노는 소리 등 │
│ **B** **자연계 소리**   │
│   대나무 술렁이는 소리, 참새와 휘파람새 등 새의 지저귐, 벌레 소 │
│   리, 우물의 울림, 개울 물소리, 손 씻는 대야의 물 소리, 말 우는 소 │
│   리, 여우가 높게 우는 소리, 벚나무 술렁이는 소리 │
│   │
│   **기억의 소리, 이미지의 소리**   │
│ **C** '도랑의 아저씨'라는 요괴가 내는 소리(집 앞 배수로에서 나는 기분 │
│   나쁜 소리)   │
└───┘

도판 4-18 | 다키렌타로가 다케타 마을에서 들었던 소리

　실제 정원 정비 계획과 구현 방법에서도 소리 풍경 개념을 도입함으로써 기존의 소리 환경 계획에 비해 아주 독자적인 프로젝트로 바뀌었다. 기존의 소리 환경 계획론에서는 스피커 등에서 나는 전기적 소리를 주로 사용했는데, 이 수법은 프로젝트 성격에 들어맞지 않는다고 판단했다. 그 대신에 도판 4-9에서 보듯이, 정원에 대나무 숲을 조성하거나, 실제 수로를 정비하거나, 그 시설을 만들면서 물소리가 잘 들리도록 고안했다. 이는 기존 소리 환경 계획에서는 별로 고려하지 않았던 조경 수법을 통해서 소리 환경을 연출했다.

　이 프로젝트 사례를 기초로 해서 현대 사회에서 전개되는 여러 디자인 활동들 역시 새로 파악할 수 있다. 지금까지 소리 전문가가 해

왔다고 여겨 온 소리 환경 디자인 활동이 실제로는 토지 이용 및 조성, 식재 계획 같은 '토목, 공간 차원의 디자인 활동'과 건축물 설계 같은 '시설 차원의 디자인 활동'을 통해서 이미 이루어져왔음이 명확해진다. 지금까지는 소리와 직접 관계가 없는 것처럼 생각되었던 디자인 영역 종사자들 역시 소리 환경 디자인을 자신들의 문제로 여기게 되는 것이다.

가령, 나무마다 잎이나 가지의 모양 등 고유한 모습이나 형태가 있음을 알듯이, 소리 풍경이라는 사고방식을 통해 디자이너는 나무를 좋아해서 찾아오는 곤충이나 새의 소리 등 나무마다 고유한 청각적 특징이 있음을 의식한다. 그 결과 '이런 소리가 들리는 공간으로 만들고 싶다'는 발상을 통해 수목 종류를 선택할 것이고, 마찬가지로 건축물이나 노면 소재도 결정할 것이다. 이렇게 청각적 발상을 부지 이용 계획과 건축 설계에 반영하는 것이 곧 소리 풍경을 이해하고 실천하는 것이다.

바꾸어 말하면 소리와 관계가 없는 것처럼 여기던 영역의 디자인 활동이 실제로 도시 소리 환경의 하부 구조를 결정한다는 사실을 명확하게 인식하게 된다. 그리고 청각적 의식을 근거로 하면서 디자인 활동 내용이 각각 결정되는 것이다. 소리 풍경 개념을 디자인 일반에 도입함으로써 도판 4-19에서 보듯이 모든 디자인 활동은 소리 환경 디자인을 위한 기능을 함께 갖추게 된다.

청각적 환경 자원 발굴
지금까지 소리 환경 계획의 차원에서 다키렌타로 기념관 정원 정

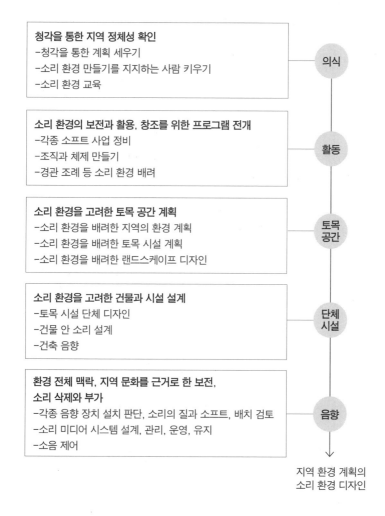

청각을 통한 지역 정체성 확인
-청각을 통한 계획 세우기
-소리 환경 만들기를 지지하는 사람 키우기
-소리 환경 교육

의식

소리 환경의 보전과 활용, 창조를 위한 프로그램 전개
-각종 소프트 사업 정비
-조직과 체제 만들기
-경관 조례 등 소리 환경 배려

활동

소리 환경을 고려한 토목 공간 계획
-소리 환경을 배려한 지역의 환경 계획
-소리 환경을 배려한 토목 시설 계획
-소리 환경을 배려한 랜드스케이프 디자인

토목
공간

소리 환경을 고려한 건물과 시설 설계
-토목 시설 단체 디자인
-건물 안 소리 설계
-건축 음향

단체
시설

**환경 전체 맥락, 지역 문화를 근거로 한 보전,
소리 삭제와 부가**
-각종 음향 장치 설치 판단, 소리의 질과 소프트, 배치 검토
-소리 미디어 시스템 설계, 관리, 운영, 유지
-소음 제어

음향

지역 환경 계획의
소리 환경 디자인

도판 4-19 | 소리 환경 디자인의 전체 모습

비 프로젝트를 소개했다. 이와 관련해 필자가 했던 몇 가지 작업을
더 소개하려 한다.

우선, 실제로 연출해서 들려주기 힘든 소리들을 방문객들에게 알려주기 위해 기념관 소책자인 『다키렌타로와 다케타의 소리 풍경』을 기획하여 집필과 편집을 맡았다. 부록인 「다케타 · 다키렌타로 지도」는 기념관을 찾는 사람들에게 다키렌타로가 소년 시절에 관계 맺었던 다양한 소리들을 더듬어 찾아가는 데 도움을 주려고 만든 것이다. 이는 소리를 매개로 하여 다키렌타로 기념관과 마을 전체를 광범위하게 연결하는 것을 목표로 한 작업이다. 기념관의 정원 정비 계획을 기념관이라는 닫힌 공간에 국한하지 않고, 다케다의 마을 만들기 차원으로 이어지게 한 것이다. 그러나 이 소책자의 발행은 기념관 개관 뒤 운영 사업에 편입될 것이었다. 따라서 시설 건립의 일환인 정원 정비 사업에 들어가지 못했고, 이후에도 별도 예산을 구하지 못해 현재까지 빛을 보지 못하고 있다.

「다케타 · 다키렌타로 지도」에서 시도한 것은 다케타 거리의 청각적 환경 자원을 발굴하는 것이었다. 발굴한 자원 중 오늘날의 다케타 시에 꼭 필요한 것이 있다면, 이를 복원하고 재현하는 것은 마을 만들기의 주요 주제가 될 것이다. 그 소리를 재현하지 않더라도 실제로 방문해서 현재 그곳에서 들리는 소리와 옛날에 들렸다는 소리를 비교함으로써 마을이 어떻게 변해 왔는지를 느끼고 이해하는 것도 의의가 있을 것이다.

여기에서 유념할 것은, 이 프로젝트는 다키렌타로라는 과거의 인물이 현재 마을의 중심이 된 특수한 경우에 해당한다는 점이다. 그렇다면 일반적인 지역의 경우, 각 지역의 청각적 환경 자원에는 무엇이 있으며, 또 그 발굴 방법에는 어떤 것이 있을까?

특정 지역에서 청각 환경의 실체를 파악하고, 그 구성 요소인 청각 자원을 명확히 하려는 활동이 소리 풍경 조사이다. 지금까지 고찰한 여러 방법은 모두 청각적 환경 자원 발굴을 위한 유효한 수단이 된다. 그중에서도, 소리 풍경의 사고방식에서 '개인이나 사회가 지각하고 이해하는 방법에 강조점을 둔 소리 환경'이라고 정의하는 청각적 환경 자원을 파악하는 방법으로 특히 중요한 것은 해당 지역에서 날마다 생활하는 사람들을 대상으로 한 청취 조사이다. 이때 중요한 것은 생활에 뿌리를 둔 자연스러운 감성과 정보를 어떻게 끌어낼 것인가 하는 점이다. 따라서 주민 참여형 프로젝트가 지역의 청각적 환경 자원을 파악하는 데 유효한 방법으로 기능한다.

예를 들면, 1992년부터 3년간 진행한 '야마가타의 소리 모집' 사업이 여기에 해당한다. 이 사업은 소리 풍경 창조 사업에 몰두한 야마가타 현 환경보전과가 주민 한 사람 한 사람에게 자신과 친근한 소리를 떠올리게 하면서 환경을 생각하는 계기를 갖도록 하려고 기획한 것이다.

아래에 서술하는 것은 야마가타의 소리로 모집한 269가지 중에서 열두 가지를 정리한 것으로, 「야마가타의 소리 풍경」이라는 음반에 수록되었다. 이 소리들은 모두 현의 각 지역에 있는 청각적 환경 자원이라고 할 수 있다.

청각적 환경 자원의 특징

여기에서 말하는 청각적 환경 자원이란 소리 풍경의 구성 요소와 거의 같은 뜻이다. 단지 소리 풍경이 청각적 환경 자원에 비해 그 파

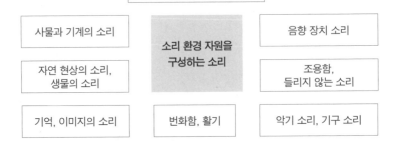

인간이 활동하면서 내는 소리

사물과 기계의 소리

소리 환경 자원을
구성하는 소리

음향 장치 소리

자연 현상의 소리,
생물의 소리

조용함,
들리지 않는 소리

기억, 이미지의 소리

번화함, 활기

악기 소리, 기구 소리

도판 4-20 | 청각적 환경 자원을 구성하는 소리

악의 주체가 더 개인적인 이미지가 강하다는 차이가 있다.

다키렌티로 기념관 계획을 검토할 때 필요한 것은 다키렌타로가 속한 소리 풍경의 구성 요소인 반면, 특정 지역의 계획 내용을 검토할 때에는 지역과 사회의 동의를 통해 자리 잡은 청각적 환경 자원이 필요하다. 이런 점에서 볼 때, 음반에 수록된 소리들은 주민 각자의 생활에 뿌리를 둔, 소리에 대한 순수한 감성을 통해 선택된 소리이면서 동시에 야마가타에만 있는 청각적 환경 자원이라고 할 수 있다. 따라서 소리 풍경의 구성 요소를 둘러싼 분석과 다소 겹치는 부분이 있지만, 야마가타의 소리를 사례로 청각적 환경 자원의 특징을 고찰해 보려 한다.

야마가타의 소리를 통해 파악된 청각적 환경 자원은 매우 여러 갈래로 나누어진다. 새와 벌레 등 살아 있는 생물에서부터 모가미 강의 물소리, 쇼나이 해변의 바람과 파도 소리, 강을 내려가는 배 위에서 들려오는 잡담 소리, 스키가 활주할 때 나는 소리처럼 들리는 인간의 이야기 소리, 인간이 활동하면서 내는 소리, 소라고둥 소리나 베틀 소리 등을 내기 위해 설치한 장치나 그 밖의 기계 소리에 이르기까지 매우 다양한 종류의 소리가 있다.

특히 산사에서는 여름이면 어디에서나 들을 수 있는 매미 소리를 꼽는데, 그 배경에는 마츠오 바쇼(松尾芭蕉)의 유명한 하이쿠 구절이 있다. 이 덕분에 산사의 매미 소리는 실제 매미가 울지 않는 계절에도 사람들이 의식하고 있다. 말하자면 매미 소리는 기억의 소리로 자리잡고 있음을 알 수 있다. 또한 청각적 환경 자원은 궁극적으로 하나하나의 소리로 그치지 않고 이모니카이(芋煮會)[124]의 웅성거림, 산사의 고요함과 같은 전체적인 분위기도 포함한다. 그 전체는 도판 4-20과 같이 정리할 수 있다.

흔히 환경 자원은 인간의 문화 활동과 분리된 것, 자연 환경으로만 구성된다는 이미지가 강하다. 이를 파악하는 방법도 하나같이 자연 과학적 조사 방법론에 기대어 있다. 하지만 야마가타의 소리들은 환경 자원이 인간의 문화 활동과 깊은 관련이 있음을 명확히 보여 준다. 예를 들면, 신조 축제의 반주 음악이나 하야시 가문의 무악 등은 지역에 전승되는 문화 활동이면서 동시에 청각적 환경 자원임을 보여 준다. 또한 앞에서 기억의 소리로 고찰한 산사의 매미 소리 역시 벌레 소리이면서도 바쇼의 유명한 하이쿠 구절과 관련지어 파악할 수 있으므로 문화적 사상(事象)으로 성립하는 청각적 환경 자원의 또 다른 존재 방식을 보여 준다.

야마가타의 소리는 모두 지역 주민들이 꼽은 것이다. 이런 의미에서 청각적 환경 자원을 파악하는 방법론은 그 자체가 문화적이다는 생각에 이른다. 이는 기존 방법론에서 흔히 간과되는 문화적 측면의 환경 자원에도 고려할 가치가 있는 자원들이 적지 않음을 말해 준다. 더 나아가서 환경 자원을 이야기할 때 앞으로는 자연 과학적 방법과 인문 사회학적 방법을 모두 사용해야 할 필요가 있음을 명확히 보여 준다. 인간이 환경 일반에 대해 커다란 영향을 끼치는 현대 사회에서 이렇게 문화적인 사상으로서 환경 자원이 갖는 의미를 다양하게 고찰해 보는 것은 매우 의의가 있다.

환경 계획으로 도입하는 방법

도시를 시작으로 인간의 거주와 활동의 장이 되는 환경을 대상으로 한 경우, 청각적 환경 자원이라는 개념을 도입한 환경 계획의 구체적 내용은 도판 4-19에서 보는 것과 같다. 이 계획을 통해 보건대, 환경 계획은 단지 소리 환경 만들기에 그치지 않고 다른 여러 영역과 닿아 있다. 또 중요한 것은 이 영역들이 서로 다른 차원에서 전개되고 있는 동시에 서로 깊게 연관되어 있다는 점이다.

야마가타 소리가 앞으로 어떻게 변화되어 갈지를 예로 들어서 생각해 보자. 「야마가타의 소리 풍경」에는 나라 시에 있는 유명한 불상인 후도손(不動尊)[125] 근처의 맑은 물이 흐르는 소리를 배경으로 했음직한 소리를 꼽은 사람의 말이 들어 있다.

알아채지 못하는 사이에 기생개구리 울음소리를 들을 수 없게 되었다. 이것은 주변 환경의 변화 탓이겠지.

만일 이 음반을 계기로 예부터 친숙했던 기생개구리 울음소리가 어느새 들리지 않는다는 사실을 알아차린 텐도 사람들이 이 소리를 듣는 모임을 결성하고, 기생개구리가 살 수 있도록 환경 복원 운동을 시작했다고 하자. 이 경우 의식 만들기 → 사람 만들기 → 활동 만들기라는, 전 영역에 걸쳐서 서로 이어지는 일련의 활동을 생각해 볼 수 있다.

회원들이 노력한 결과, 강가의 구조와 주변 생활하수의 처리 방법 등을 포함해서 강 주위의 환경 전체가 개선되어 초여름이면 기생개구리 울음소리를 다시 들을 수 있으면, 이는 청각적 환경 자원의 재생(즉 소리 만들기)을 위한 환경 만들기에 해당한다. 거기에는 하수 처리 시설을 비롯한 여러 가지 시설 만들기도 포함된다.

의식 만들기란 각 지역에 청각적 환경 자원으로 무엇이 있는지를 발굴하고 공유하는 것으로, 앞에서 고찰한 야마가타의 소리 공모 사업이 그 구체적인 예이다. 이 활동에는 소리라는 새로운 측면에서 자신과 지역 사이의 관계를 다시 파악하고 이를 통해서 지역 정체성을 확인하는 것도 포함된다. 청각적 환경 자원을 살린 환경 계획은 기존의 계획자에 의한 위로부터 내려오던 계획이 아니라 주민 스스로가 자기 마을의 매력에 눈뜨면서 거기에 애착을 품는 것에서 출발하는 내발적 마을 만들기로 이어지는 것을 의미한다.

또 주민들이 이런 사업에 참여함으로써 평소에는 잘 의식하지 않던 주변 소리의 소중함을 깨닫고 넉넉한 마음을 키운다면 이 사업은 사람 만들기로도 기능한다. 더 나아가서 사람들이 청각적 환경 자원을 소중하게 지켜 나가려 한다면 결국에는 지역의 환경 계획이라는 활동 만들기로도 이어진다.

사물 만들기에서 상황 만들기로

소리 풍경이라는 사고방식은 디자인 활동 전체와 관련이 있다. 디자이너가 소리 풍경이라는 사고방식을 만나 거기에 담긴 환경관과 사상을 기초로 해서 디자인 작업을 한다면, 그 작업은 몇 가지 점에서 이전과 다른 모습을 띨 것이다.

관계성을 디자인한다
소리 풍경이라는 사고방식은 한 시대나 한 지역의 사람들 또는 한 개인이 어떤 소리를 듣고 이를 어떻게 의미화하는지를 문제 삼는다. 이 사고방식은 사람들이 소리와 어떤 관계를 맺고 있는지를 묻는다. 다키렌타로 기념관 정원 조성 계획을 예로 들어보자. 이 계획의 기본 콘셉트는 '다키렌타로라는 개인이 이 집에 사는 동안 어떤 소리를 들었는가' 하는 것이다. 이 질문은 다키렌타로가 선택하고 의미를 부여한 소리 환경을 문제로 삼는다. 제2장에서 고찰한 것처럼, 소리 풍경이라는 사고방식을 토대로 한 소리 환경은 주체가 의미를 부여하고 구성한 소리의 환경이다.

소리 풍경 개념을 기존의 소리 환경 디자인 영역에 도입했을 때 우리는 이미 디자인된 여러 가지 소리를 음색이나 음높이 등 소리를 구성하는 모든 요소, 그 소리에 내재하는 파라미터 조합의 좋고 나쁨으로만 파악하는 것이 아니라 그 소리와 그것이 성립하는 환경 전체와의 관계, 나아가서 그 소리를 듣는 사람과의 관계성도 포함한 사회적 · 문화적 사상(事象)으로서 소리를 파악한다는 관점을 얻게 된다. 설사 그 관계성을 무시하고 디자인된 소리라 할지라도 사회 속에서 실현되고 나면, 결과적으로 그 소리와 환경 사이에 어떤 관계성을 만들어낸다는 것을 의미한다. 이러한 관점에서 본다면 이미 디자인되고 실현된 소리들의 존재 방식을 되묻는 작업도 가능해진다.

국립공원 같이 사람들이 자연을 즐기기 위해 찾는 장소를 예로 들어 보자. 긴급 신호용으로 설치한 스피커에서 음악 등의 다른 소리가 흘러나오는 경우가 있다. 이때의 음악은 아무리 명곡이라고 하더라도, 또 아무리 볼륨이 낮다고 하더라도 장소와 어울리지 않는 불필요한 소리(소음)인 경우가 대부분이다. 슈겐(修驗)[126]의 성지인 하구로 산 같이 엄숙한 분위기를 띠는 곳에서 휴대 전화 소리가 울린다면 아무리 작더라도 마찬가지로 소음이 될 것이다. 반면, 휴대 전화 소리가 도쿄의 아키하바라 같은 곳에서 울린다면 거리에 활기를 더해 줄 것이다.

소리 풍경이라는 사고방식을 기초로 한다면, 디자이너의 의도와는 상관없이 디자인된 소리는 결국 현실 사회의 다양한 관계 속에서 그 의미가 성립한다는 사실이 명확해진다. 좋아하든 좋아하지 않든 소리를 디자인한다는 것은 그 소리를 통해 다양한 관계성을 디자인하는 것이다. 그렇다면 디자이너 자신이 처음부터 그 관계성을, 즉 그 소리가 어떤 사회적, 문화적 상황에서 울리는지를 분명하게 인식한 뒤 디자인에 임하는 것이 좋다. 아니, 반드시 그렇게 디자인

되어야 한다.

소리 풍경이라는 개념을 도입하면 그때까지 소리를 디자인 활동의 개별적 대상으로 파악하고 이를 별개로 검토하여 디자인했던 사운드 디자이너도 지금까지 소리 그 자체의 구성 요소가 가진 특질만으로 질을 보증 받던 쾌적음 디자인은 불가능해진다. 디자인은 소리와 환경 전체의 온갖 관련성에 주목하지 않고는 절대로 성립할 수 없다.

소리를 대상으로 한 디자인 활동에서 소리 풍경이라는 개념을 도입함으로써 일어나는 일련의 변화들은 다음과 같은 것을 뜻한다. 기존 소리 및 소리 환경 디자인의 활동이 요소 중심적이었다면, 소리 풍경 개념을 토대로 한 디자인에서는 어떤 소리가 놓이는 환경 전체와의 관계, 나아가 소리를 듣는 사람과의 관계를 근거로 하는 관계성의 디자인으로 변화한다. 나아가서 관계성 그 자체의 디자인으로 확대하는 것을 의미한다. 그 구체적인 내용은 '깨달음 장치 만들기로서의 디자인'에서 다시 설명할 것이다.

제로 디자인/마이너스 디자인

이제 도판 4-17에서 나오는, 소리 풍경 개념을 도입함으로써 확장된 소리 세계의 구성 요소들에 대해 다시 생각해 보자. 이를 통해 현대 사회에서 소리 환경을 둘러싼 디자인 활동이 걸핏하면 빠져드는, 앞뒤가 뒤바뀌는 일이 근본적으로 어디에 원인이 있는지가 분명해진다.

수목의 술렁거림과 시냇물의 울림 등 자연의 소리를 즐겨야만 하는 공원에서 소리 환경에 신경 쓴 결과 스피커를 설치하고 음악을 내보내는 경우가 있다. 소리 풍경의 사고방식을 토대로 한 디자인 사상에서는 특정 공간에 필요하고 또 어울리는 소리 환경을 설계할 때, 그 요소를 반드시 인공음(소리 발생을 목적으로 고안된 장치)만으로 한정하지 않는다. 자연의 소리가 그곳에 필요하다면 방문객들이 그 소리를 듣도록 해 주는 것(적어도 사람과 자연계의 소리와의 관계성을 방해하지 않도록 하는 것)이 소리 환경 디자인의 중요한 활동 내용이 될 것이다.

가령, '나가사키, 좋은 소리 풍경'[127]이라는 프로젝트에서 선정된 것 중에는 이나사 산 전망대에서 들리는 바람 소리, 작은 새의 울음소리, 거리의 소리가 있다. 때마침 나는 프로젝트의 자문 위원 겸 심사 위원을 맡았으므로 현장을 찾아가 볼 기회가 있었다. 전망대 근처에 설치된 스피커들에서 흘러나오는 음악이 요란스러워 바람 소리를 거의 들을 수 없었다. 이럴 때에는 스피커에서 흘러나오는 음악을 멈추는 것, 즉 소리 그 자체에 대해 마이너스 행위를 하는 것이 오히려 소리 환경 디자인 측면에서 보면 긍정적 의미가 있다. 음악을 멈춤으로써 그 장소 본래의 소리 풍경이 잘 나타나기 때문이다. 그곳을 찾는 사람이 자연의 소리와 관계 맺는 데 장애가 되는 것을 제거하는 행위야말로 바람직한 소리 환경을 실현하는 데 가장 필요한 디자인 활동이 된다.

한편, 한 지역에서 문화적으로 중요한 가치가 있는 소리이지만 소리의 물리적 음량이 환경 기준치를 넘기 때문에 오히려 소음이 되지 않을까 하고 염려하는 경우가 있다. 소리 풍경의 사상에서는 특정한 공간에서 나는 소리가 소음인지 아닌지는, 다시 말해서 바람직하지 못한 소리인지 아닌지는 물리적 특질만이 아니라 주변 환경과의 관계성, 그 소리를 듣는 사람이나 사회와의 관계 등에 따라 결정된다. 따라서 어떤 소리를 물리적 특질만으로 소음으로 규정하기 전에 그 기반이 되는 사회와 문화 속에서 소리를 파악하고, 그 전후관계(context) 속에서 소리의 의미와 가치를 되묻는 작업이 필요하다. 소리가 그 사회와 지역에 가치가 있고 필요한 소리라고 판단되는 경우에는 보통이라면 소음으로 규정되어 사라져 버릴지 모를 소리를 보존해 가는 것이 소리 환경과 관련한 중요한 디자인 활동이 된다.

예를 들면, 야마가타의 소리로 선정된 사카타 시의 백조 우는 소리나 신조 축제의 반주 음악은 그 물리적 크기와 상관없이 지역의 소리로서 소중한 청각적 환경 자원으로 자리매김할 수 있다는 점에서 보존 활동 대상으로 가치가 있다고 할 수 있다. 이런 경우에는 소리에 특별히 새로운 것을 부가하지 않는다는 점에서 제로 디자인이라 할 수 있다.

그러나 소리에 대해서 제로 활동이라고 해도, 이것이 아무것도 하지 않아도 괜찮다는 뜻은 아니다. 백조가 날아오는 모가미 강 하구의 자연 환경을 지켜 내려면 다양한 노력이 필요하다. 또한 신조 축제의 반주 음악을 살아 있는 문화로 보존하려면 연주자들의 꾸준한 연습과 노력이 있어야 하며, 또한 축제 전체를 움직이는 생활과 사회 시스템에 이르는 다양한 디자인 활동이 필요하다.

지금까지 소리 디자인은 일반적으로 인공 소리를 더하는 것을 뜻했다. 이에 비해 소리 풍경의 사고방식에서는 인공 소리뿐만 아니라

도판 4-21 | 모가미 강 하구에서 겨울을 나는 백조

도판 4-22 | 신조 축제

이미 그곳에 존재하는 자연의 소리와 도시의 웅성거림 등도 포함한 다양한 소리로 확대된다. 여러 소리로 구성되는 소리 환경을 실현하는 것이 디자인의 목적이라면, 같은 소리를 둘러싼 디자인 활동이라도 그 실태는 상당히 다를 것이다. 소리를 대상으로 하는 디자인 활동에는 '인공 소리를 더하는'(플러스 디자인) 활동뿐만 아니라 '소중한 소리를 보존하는, 소리 자체에 대해서는 아무것도 하지 않는'(제로 디자인) 활동도 포함한다. 나아가서 '불필요한 소리를 없애는'(마이너스 디자인) 활동 또한 훌륭한 디자인 활동이 된다.

디자인 방법으로는 소리 환경 디자인의 전체 모습(도판 4-19)을 통해 고찰한 것처럼 소리 자체를 대상으로 하는 음향 차원의 활동만 있는 것이 아니라, 소리가 발생하는 상황과 관련한, 시설이나 토목 공간 차원의 디자인도 있음을 잊지 말아야 할 것이다.

예를 들면, '나가사키, 좋은 소리 풍경'에 선정된 것 중에는 산노 신사의 큰 녹나무가 있다. 이곳에서는 나뭇잎의 사각거리는 소리, 나뭇가지를 스치는 바람 소리, 아이들 노는 소리, 여름에는 봉오도리(盆踊り))[128] 소리 등이 들린다. 이 소리로 구성된 소리 환경을 보존하려면 커다란 녹나무 자체를 보존하는 것이 필요하다는 점은 분명하다. 다시 말하면 녹나무의 보존은 단순히 녹(祿)을 지키는 데 그치지 않고 녹나무를 둘러싼 소리 환경을 보존하는 뜻도 있다. 이는 곧 녹나무에 모이는 사람들의 활동과 지역 문화를 지키는 일이기도 하며, 녹나무에 얽힌 도시의 기억을 보존하는 뜻 깊은 활동이 되는 것이다.

도판 4-24는 자연의 소리를 강조하는 조경 설계의 예이고, 도판 4-25는 흙담 등을 이용해 외부 소음을 차단한 예이다. 이와 같이 토목 차원의 소리 환경 디자인에서도 토지의 청각적 환경 자원을 끌어내는 방법으로 플러스 디자인과 마이너스 디자인 두 가지 방향이 있다.

소리 풍경의 사고방식을 토대로 한 디자인 활동에서는 소리를 제거하는 것(마이너스 디자인, 즉 소음을 제어하는 모든 활동)도, 소리를 보존하는 것(제로 디자인)도 기존의 소리 만들기(플러스 디자인)와 마찬가지로 소리를 대상으로 한 창조적 행위가 되는 것은 분명하다. 기존의 디자인 활동이 일반적으로 사물 만들기를 뜻했고, 환경의 보

- **추천한 사람** 니노미야 세츠코(二宮節子, 30대 여성)
- **추천하는 소리** 나뭇잎 부딪히는 소리, 바람이 나뭇가지를 가르는 소리,
  아이들 노는 소리, 게이트볼 소리, 여름 축제 소리, 소년들이 씨름하는 소리 등
- **계절과 시간대** 연중 언제나
- **추천의 글** 산노 신사의 녹나무는 원폭에도 죽지 않은 강하고 커다란 나무입니다.
  태풍으로 커다란 가지가 꺾였지만, 바람에 맞서 사람들을 지켜주는 마을의 수호목
  입니다. 녹나무와 바람이 엮어내는 소리는 커지거나 작아지거나 하면서 일 년 내
  내 밤낮으로 들려옵니다. 녹나무 아래에서는 노인들이 아침마다 게이트볼을 하거
  나, 아이들이 커다란 소리를 내며 놀거나 씨름을 합니다. 여름에는 축제도 열립니
  다. 산노 신사에서 일어나는 일들은 녹나무의 나뭇잎 소리와 어울려 이 마을에 메
  아리칩니다.

도판 4-23 | 산노 신사의 녹나무와 이를 추천한 사람의 글[129]

전 같은 활동과는 오히려 상반되는 경향이 많았다는 점을 고려하면,
소리 풍경 사상의 깊은 의의를 이해할 수 있을 것이다.

상록수와 낙엽활엽수 혼합림　키 작은 나무와 초지

돌 쌓기

흙담

보행로　차도

완충 지대

도판 4-24 | 자연의 소리를 강조하는 조경 계획의 예

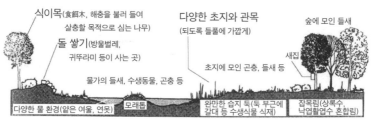

식이목(食餌木, 해충을 불러 들여
살충할 목적으로 심는 나무)

다양한 초지와 관목
(되도록 들풀에 가깝게)

숲에 모인 들새

돌 쌓기(방울벌레,
귀뚜라미 등이 사는 곳)

새집

물가의 들새, 수생동물, 곤충 등

초지에 모인 곤충, 들새 등

다양한 물 환경(얕은 여울, 연못)　모래톱

완만한 습지 둑(둑 부근에
갈대 등 수생식물 식재)

잡목림(상록수,
낙엽활엽수 혼합림)

도판 4-25 | 흙담 등을 이용해서 외부 소음을 차단한 예

깨달음 장치 만들기로서의 디자인

마지막으로 관계성 자체의 디자인이 무엇인지를 명확히 하려고
한다. 소리 풍경이라는 사고방식을 특징짓는 가장 중요한 것은 소리
환경을 단지 물리적 음향 현상으로 파악하는 것이 아니라 그 공간
에서 생활하는 사람들의 듣는 행위와 관련지어 파악한다는 점이다.
소리 풍경은 특정 시대나 특정 지역의 사람들이 어떤 소리를 듣고
그 소리를 어떻게 의미화하는지에 초점을 둔다. 즉 사람들이 어떤
소리와 무슨 관계를 맺고 있는지를 문제로 하는 사고방식이다.

환경을 이렇게 파악하는 방법은 결코 특별하지 않다. 우리는 일상

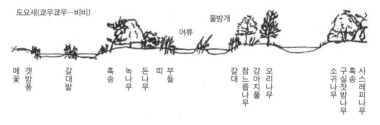

	쌍뚱어(피차피차…)	쇠제비갈매기(비비비…)		민물가마우지(구루루구루루…구왓구왓)
	꼬마물떼새(비비비…)	쇠제비갈매기(끼리끼리…)		
	오리(꽉꽉…)		개개비사촌(히쓰히쓰히…)	
말뚝망둥어(비차비차…)		흰물떼새(비…뷰루뷰루…)		논병아리(끼릿끼릿끼릿)
			잠자리(물 튀기는 소리, 나는 소리)	
게(코소코소…)	갈매기(큐쓰큐쓰큐…)		개구리(케로케로…)	
바지락, 맛조개 등 조개류	개개비(교시교시교시…케시케시케시…)			종달새(피이피이피이)
	덤불해오라기(우-우-우-)	가재	잠자리유충	
도요새(쿄우쿄우…비비)			물방개	

메꽃 갯방풍 갈대밭 흑송 녹나무 돈나무 띠 부들 갈대 참느릅나무 강아지풀 오리나무 소귀나무 구실잣밤나무 흑송 사스레피나무

사력지	고초본지	저초본지		수림지
해변식물		담수이습지		
모래톱	내륙간석	습지	담수지	수경지 · 수림지

도판 4-26 | 청각적 환경 자원을 끌어내는 물가 정비(생물의 소리를 중심으로)

생활에서 사회와 문화 속에서 길러진 귀를 통해 주변에 존재하는 무
수한 음향 속에서 몇 가지 소리를 선택해 여러 가지로 의미화하면
서 자신의 소리 환경을 형성하는 것이다. 예를 들면, 같은 공간에 있
더라도 그곳에서 오랫동안 생활한 사람과 여행자가 듣는 소리는 자
연히 다를 것이다.

— 같은 소리라도 사람에 따라 의미가 다르다. 또 그 소리를 듣지 못
하는 사람도 있다.

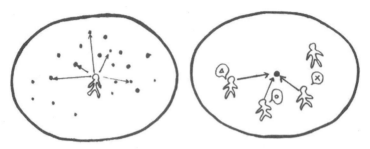

① 같은 소리라도 사람에 따라 의미는 다르다. 또 그 소리를 듣지 못하는 사람도 있다.
② 무수한 소리 가운데 사람은 몇 개의 소리를 선택해서 듣고 있다.

도판 4-27 | 환경음을 파악하는 방법

— 무수한 소리 중에서 사람은 몇 가지 소리를 선택해서 듣는다.

　이와 같은 사고방식을 기초로 해서 소리에 관한 디자인 활동을 다시 파악해 보자. 그러면 디자인하는 것 또는 디자인해야 하는 것은 물리적 음향이라기보다는 오히려 소리와 듣는 사람 사이의 관계 자체는 아닐까 하는 발상이 생겨나게 된다. 소리 풍경의 사고방식을 토대로 하는 경우, 디자인이란 사물 만들기가 아니라 관계 만들기임을, 즉 소리를 만드는 것이 아니라 인간과 소리 사이에 새로운 관계를 맺는 것이다. 정확히 말하면, 새로운 관계를 맺기 위한 장치 만들기야말로 디자인이라는 사실이다.

　좀 더 깊이 생각해 보자. 소리 풍경의 사고방식에 따르면 소리를 듣는다는 것은 주변에 존재하는 수많은 음향 중에서 몇 가지를 오려내는 것이다. 그렇다면 소리 환경을 둘러싼 디자인 활동이란 결국 소리를 오려내는 방식 자체와 관련된다. 그리고 소리를 오려내는 방식은 소리와 그 소리를 포함하는 환경을 어떤 방법으로 의미화하는 것임에 틀림없다.

어떤 대상에서 아무 의미도 못 찾는 경우, 인간은 그 대상을 인식하지 못하며, 심지어 그 존재조차 파악하지 못한다. 디자인 활동이란 이럴 때 대상에 대한 의미 부여의 계기를 마련해 주는 것이며, 계기를 마련함으로써 소리를 깨닫게 하는 것이다. 그 결과, 이전에는 깨닫지 못했던 여러 소리가 들리게 된다. 소리 풍경의 사고방식을 토대로 하면 디자인이란 기존처럼 소리 만들기 자체가 아니라 소리와 인간의 새로운 관계를 의식하게 해 주는 장치 만들기가 된다. 깨달음을 위한 장치 만들기가 되는 것이다.

1990년 세계 디자인 박람회 때 소리에 관한 기획을 몇 가지 제안해 주기를 바란다는 나고야 시의 의뢰를 받았다. 그때 내가 제안한 것은 '나고야 소리 명소'라는 프로젝트였다. "당신이 좋아하는 거리의 소리 풍경을 말해 주십시오."라는 질문을 시민들에게 해서 백스물네 가지 소리를 추천받았다. 도판 4-35에서 보듯, 그중에서 오스 근처의 웅성거림, 야마자키 강의 물 흐르는 소리 등 열여섯 군데가 소리 명소로 채택되었다. 프로젝트는 나고야 시의 청각적 환경 자원을 발굴하고, 소리의 측면에서 나고야다운 것을 고민했다는 점에서 의의가 있다.

하지만 디자인을 주제로 한 박람회인 까닭에 내가 강하게 의식한 것이 있다. 나는 이 프로젝트를 통해서 디자인 활동의 의미가 확대되기를 바랐다. 사물 만들기는 아니더라도 자신에게 큰 가치가 없다고 여겨 온 주변 사물(이 프로젝트에서는 소리였다.)이 사실은 매우

도판 4-28 | 나고야 소리 명소 열여섯 군데

소중한 것이었음을 깨닫게 하거나, 따로 의식해 본 적이 없는 사물(소리)의 존재를 발견하는 계기를 마련하는 것도 디자인 행위가 아닐까? 이런 사실을 제안하는 것이 이 프로젝트의 콘셉트였다.

일반적으로 지금까지 디자인은 사물 만들기나 소리 만들기를 뜻했다. 이에 비해 소리 풍경의 사고방식을 기초로 한, 깨달음을 위한 장치 만들기로서의 디자인은 소리를 즉물적으로 실현하는 것보다는 소리에 대한 특별한 의식이 쉽게 생겨날 수 있는 상황을 사회적으로 만들어 가는 데 초점을 둔다. 이 둘을 비교하면 전자에서 중요한 것은 디자이너 개인이 이미지화한 소리이고, 그 실현 방법은 훨씬 실체적이다. 반면 후자에서 디자이너가 이미지화하는 것은 소리 자체가 아니라 소리에 대해 일상적 의식과는 다른 의식을 일으키는 특정한 사회 상황과 그 설정 방법이다. 이 경우 끌어낼 만한 구체적인 소리 이미지가 명확하게 정해진 것은 아니다. 같은 설정 방법을 통해 더 많은 주민들한테서 더욱더 다양한 소리 이미지를 끌어내는 것이 정말로 중요하다. 전자를 협의의 소리 디자인이라 한다면, 후자는 광의의 소리 디자인이라 할 수 있을 것이다.

마지막으로 소리 풍경이라는 말이 왜 생겨났는지를 다시 확인해 두고 싶다. 소리 풍경이란 눈으로 보는 풍경이 아니라 귀로 파악한 풍경을 뜻한다. 하지만 풍경이란 원래 오감으로 파악하는 것이고, 거기에는 본래 소리의 요소도 포함되어 있다. 이러한 풍경의 존재 방식을 염두에 둔다면 귀로 파악한 풍경만을 따로 끄집어내서 소리 풍경이라고 하는 것 자체가 부자연스럽다. 하지만 굳이 소리 풍경이라고 한 것은 풍경에 본래 있어야 할 것이 포함되어 있지 않은, 즉 소리가 거의 의식되지 않는 현대 사회의 상황 때문이다. 잊기 시작하는 부분을 다시 되돌리려면 이를 의식화해야 하고, 의식화하려면 이를 언어화해야 했던 것이다.

이런 측면에서 볼 때, 소리 풍경이라는 말 자체가 어떤 의도를 품고 고안되었음을 알 수 있다. 소리 풍경은 깨달음을 위한 장치이며, 거기에는 분명한 디자인 의도와 힘이 담겨 있다. 소리 풍경이 우리 디자인 활동에서 청각과 오감의 의식화를 재촉하고 나아가 환경 세계를 확대해 준다는 보다 근본적 의미는 지금까지 추구해 온 '전문 영역으로서의 디자인'으로부터 '인간으로서 살기 위한 디자인'으로 확대하고 또 되돌아가도록 요청하는 것임에 틀림없다.

결론
소리 풍경 속에서 살다

    소리 풍경이라는 사고방식은 단지 현대의 작곡가나 사운드 아티스트들에게만 호소하는 새로운 음악 예술 사상이 아니다. 거기에는 시각적 디자인과 사물 만들기에만 관심을 기울여 온 건축가나 도시 계획가나 환경 연구자들 등 음악 영역 너머의 전문가들에게 전하는 메시지가 담겨 있다. 소리와 소리 환경을 자기 영역의 문제로 의식해 주기를 바라는 것이다. 더 나아가 소리 풍경 사상은 전문가뿐만 아니라 보통 시민들 역시 날마다 삶 속에서 소리를 듣고 맛보는 기쁨을 누리기 바란다. 정확하게 말하면 자기 귀를 통해 주변 환경에 숨은 문제를 발굴하는 힘을, 그 환경의 매력을 체험하는 힘을 기름으로써 풍부하고 넉넉한 생활을 하기를 바란다는 의미가 내포된 것이다.

소리에서 몸으로

1995년 일본에 왔을 때 셰이퍼는 다음과 같이 말했다.

> 귀만을 따로 떼어 내는 것은 건전하지 않습니다. 정상적 상태가 아
> 닙니다. 인간은 귀만 가지고 사는 게 아니니까요. 하지만 귀의 소중
> 함을 말할 필요가 있습니다. 오감의 균형을 회복해야 하는 까닭입
> 니다. 현대 사회에서 우리는 눈에 지나치게 의지하며 삽니다. 사람
> 들에게 눈과 마찬가지로 귀도 중요하다고 환기해야 합니다. 하지만
> 궁극적으로는 온몸의 감각을 배려해야 합니다. 저는 다른 감각에도
> 매우 흥미가 있습니다. 예를 들면, 냄새의 맛 같은 감각 말입니다. 맛
> 은 냄새와 깊은 관계에 있습니다. 또한 촉각을 들 수 있습니다. 촉각
> 역시 언제부터인가 사람들이 소홀히 해 온 감각입니다. 현대인들은
> 다른 시대나 인류에 비해 사물을 만지지 않습니다. 다른 문화에서
> 는 훨씬 풍부한 촉각 경험이 있었습니다. 현대의 문화는 촉각과 후
> 각을 가볍게 여겨 왔습니다. 이런 감각들이 청각과 어떠한 관련이
> 있는지도 연구 과제로 포함해야 합니다. 그럼으로써 소리가 다른 감
> 각과 어떤 관계가 있는지를 생각해야 합니다. 저는 모든 감각을 다
> 시 다루어야 한다고 생각합니다.[130]

그러나 앞에서 살펴본 대로, 셰이퍼는 시각에 대해서도 남들보다
강한 흥미가 있었다.

서양 근대의 예술과 학문은 소리를 귀라는 기관과 음악 또는 소음
의 영역에 억지로 속하게 했다. 하지만 소리의 세계는 본래 훨씬 역

동적이다. 소리 풍경이라는 사고방식은 기존의 음악이나 소음을 통해서 파악할 수 없던 다양한 소리를 건져 올린다. 소리 풍경은 소리가 어느 경우에 음악이고 어느 경우에 소음이 되는지를 본질에서부터 되묻기 위해 또 소리의 세계를 닫힌 영역에서부터 해방해 본래의 역동적인 지평으로 다시 풀어 놓기 위해서 생겨난 것이다.

앞에서 소개한 '다키렌타로 기념관의 정원 정비 계획'에서도 정원의 소리가 주제이면서도 소리를 듣는 게 단순히 귀가 아님을 확인할 수 있다. 툇마루에 앉아 정원을 바라보거나, 나막신을 신고 징검돌이나 뒷산으로 난 돌계단을 오르는 사람들의 활동 자체를 독자적인 듣는 기술로 위치시켰다. 시각적 이미지에서 청각이 자극되어 소리를 알아차리는 공감각적 기술도 추구한다. 정원의 소리와 연장선에 있는 것은 그 장소를 즐기는 사람들의 몸인 신체이다. 신체는 현대의 학문이나 예술 제도처럼 오감이 따로따로 나뉘지 않는다. 소리는 다만 귀에 갇히지 않고 몸 전체로 해방되고 확대된다. 이는 공감각적 기술을 추구함으로써 단지 귀뿐만 아니라 신체 전체가 요구되는 듣는 기술을 개발하고, 오감으로 분화된 미적 기술을 보다 종합적으로 신체 전체를 이용하는 기술로 재통합하려는 것이다.

이러한 재통합은 눈을 위한 예술인 미술이 나아갈 길이라고도 할 수 있다. 미적 기술이 우리의 감각 기관에 의해 분단됨으로써 본래 종합적 성격을 띠던 건축과 랜드스케이프 디자인도 시각 예술로 축소되었고, 그 과정에서 듣는 기술도 약해지거나 잃어버린 것이다. 요즈음에 도시 경관 디자인이 하나같이 시각적 발상으로만 만들어지는 것은 바로 이 때문이다. 이러한 상황에서 건축과 랜드스케이프 디자인에 본래 포함되었던 소리 환경 디자인의 기능을 다시 환기하고자 제창된 것이 소리 풍경이라는 사고방식이다.

소리와 만나는 장으로서의 주거와 도시

소리 풍경이라는 사고방식은 1960년대 대두한 북미 생태학 운동과 새로운 예술의 흐름에서 탄생한 것으로, 20세기 후반의 새로운 사조를 상징한다. 서문에서 이미 확인했듯이, 이는 서양 근대와 비교했을 때 오감이 분열되는 일이 적었던 일본의 전통 문화를 다시 돌아보게 한다. 무사시노를 사랑했던 구니키다 돗포가 집에서 여러 가지 소리를 들었다는 것이 생각난다.

1897년 1월 14일
밤이 깊었다. 나뭇가지를 스쳐 가는 바람 소리 멀리서 들린다. 아아, 이것이 무사시노의 숲에서 숲을 스쳐 가는 겨울밤이 매서운 바람인가. 눈이 녹아서 떨어지는 낙수 소리 처마를 휩싼다.

3월 13일
밤 열두 시, 달은 기울고 바람은 급히 불어 대고 구름은 피어오르고 숲은 운다.

3월 21일
밤 열한 시. 집 밖의 바람소리를 듣는다. 어느새 멀리 사라졌다 금세 다시 가까워진다. 봄이 쳐들어오니 겨울은 멀리 도망간다.[131]

도판 5-1 | 무사시노의 잡목림

   이 소리들은 사람들이 조용히 잠든 때, 분명 혼자서 책상을 마주하거나 모포 속에서 들은 것이리라. 작가는 자기 집을 작은 모옥이라 불렀지만 정확히 어떤 형태였는지는 모른다. 하지만 집 주변으로 들리는 무사시노의 여러 가지 소리와 분위기가 작가에게 시시각각 전해진 것은 분명하다.

   다키렌타로 기념관 프로젝트에서도 확인했듯이, 구니키다 돗포뿐만 아니라 우리가 날마다 살아가는 주거 공간은 여러 가지 소리와 만나는 장소이자 그 소리와 관련한 이야기를 만들어 내는 곳이며, 그리운 소리를 찾아 구하는 곳이기도 하다. 동시에 집은 주변에서 나는 소리와 분위기를 호흡하면서 거기 사는 사람에게 이를 전하는 장치이기도 하다.

오늘날 일반적으로 집과 소리의 관계에서는 주로 어떻게 소리를 차단할 것인지가 문제된다. 다세대 주택의 고층화나 과밀화된 도시의 도로나 공사장 등에서 나는 소음 등 최근 상황을 생각하면 방음 문제가 얼마나 절실한 과제인지는 새삼 말할 필요도 없다. 하지만 소리 풍경이라는 사고방식에서 우리가 배워야 하는 것이 있다. 건축물의 방음이 절실한 문제인 지금이야말로 동시에 소리와 함께 살아간다는 관점을 잃지 말아야 한다는 점이다. 그렇기 때문에 더더욱 건축에서 소리 풍경이라는 사고방식이 중요하다.

셰이퍼는 다음과 같이 말했다.

콘서트홀을 발명함으로써 그 바깥에 있는 소리와 안에 있는 소리 사이에는 벽이 생겼습니다. 홀 안쪽의 소리는 더 고상한 것으로 여겨지는 반면, 바깥의 소리는 무시되었습니다. (중략) 이처럼 소리를 두 가지 세계로 나누는 것은 우리에게 결국 불이익을 초래한다는 사실이 이제야 겨우 인식되었습니다.

오늘날 건축에서는 차음성 높은 주택과 주변의 소리를 비롯해서 열이나 바람이나 공기와 같은 환경 요소들과 분리된 채 내부 공간에 살기 편안한 여건을 갖추는 것이 일반적이다. 가령, 고층 빌딩은 건물을 높이 올리고 커다란 유리창을 사용함으로써 인류가 일찍이 경험해 본 적이 없는 조망을 확보했다. 반면, 소리를 비롯한 외부 환경 정보는 완전히 차단되어 분위기조차 전해지지 않는다. 이러한 건축물은 본질적으로 셰이퍼가 말한 콘서트홀 같은 기능을 한다.

이런 건축물에서는 외부와 단절된 공간을 구축하고, 그 내부의 쾌적한 환경을 이룩하기 위해 공기 정화 장치를 비롯한 여러 가지 시스템이 필요하다. 그래서 소리와 열 폐기물을 바깥으로 끊임없이 배출하면서도 바깥 환경이 어떻게 되는지는 상관하지 않는다. 하지만 셰이퍼는 이런 발상과 시스템은 한계에 이르렀다고 지적한다. 더 나아가서 그러한 발상과 시스템 자체에 문제의 본질이 있다고 본다.

그런데 현대 사회에서는 아직 사물을 이항 대립적으로 바라보는 근대적 사고방식이 주류이다. 그 탓에 소리 풍경 사상에 담긴 의미 깊은 메시지가 단편적으로 잘못 이해되기도 한다. 여기에서 다시 환기해 두고 싶은 것은 셰이퍼가 건축물의 방음에 무관심하거나 그 일이 무의미하다고 보지 않았다는 점이다.

오늘날 과밀해진 대도시뿐만 아니라 세계 곳곳에서 각종 소음 문제가 생기고, 그에 따라 소음 규제의 중요성도 점점 높아지고 있다. 소리 풍경이라는 사고방식이 나온 배경에도 소음에 대한 문제의식이 있으며, 소리 풍경 디자인에서도 이는 늘 중요한 화두가 된다. 이를 감안한다면 셰이퍼가 소음 규제와 관련한 활동과 기술의 소중함을 강하게 주장한 것은 쉽게 이해될 것이다.

그러나 현대 사회의 소음 문제는, 나아가 이 문제를 포함하는 환경 문제는 기존의 환경 제어 방식으로는 이미 대처할 수 없다. 기존의 시스템과 발상만으로는 아무리 노력해도 극복할 수 없을 만큼 심각한 문제가 되었다. 이를 깨달은 결과 탄생한 것 중 하나가 바로 소리 풍경이라는 개념이다. 셰이퍼는 콘서트홀 안쪽의 소리만 미적 감성을 움직이고, 그 바깥쪽 소리에는 충분한 주의를 기울이지 않는 현대 사회의 태도가 소리 환경의 황폐화를 초래했다고 보았다. 이러한 문제의식은 소리 환경에만 국한되지 않는다. 실내 환경만을 다방면으로 되풀이해서 검토하고 외부 환경은 충분히 배려하지 않는 것이 위기 상황을 낳은 한 요인이다. 이는 오늘날 건축 내부 환경과 외부 환경 사이의 관계에 그대로 적용할 수 있다.

환경 문제를 해결하기 위해 움직일 때 기존처럼 개인과 사회 사이의 차원에만 국한해서 바라보는 것이 아니라, 더 넓은 지평에서 환경을 배려하고 전 지구적 관점에서 접근하도록 꾀하는 것이 소리 풍경이라는 사고방식의 가장 본질적 의의이다.

감성의 복권을 위하여

소리 풍경이라는 사고방식은 환경에 대한 감성을 강조하고 이를 실감하는 일의 중요성을 주장함으로써 또 다른 측면에서 환경 관련 문제를 해결하는 데 기여한다. 다시 말해 환경을 이해하고 그 문제점을 발견하는 데 인간의 감성과 실감이 중요한 역할을 한다는 점을 분명히 하는 것이다.

서양 근대 문명에서 과학과 예술은 분화하여 독자적인 가치관을 표방하며 전개되었다. 근대 합리주의에 기초를 둔 과학 기술은 그 과정에서 살아 있는 인간의 느낌과는 동떨어진 채 객관성, 효율성, 편리성을 추구하는 기술로만 규정되었다. 소리의 세계로 한정하면, 소음계를 비롯한 계측 기기나 음향학은 과학 기술의 맥락에서 듣는 기술을 추구한 결과로 생겼다고 볼 수 있다. 다시 말하면, 소음계는 과학 기술이 낳은 또 다른 듣는 기술인 셈이다.

그러나 소음계가 표시하는 것은 오직 수치뿐이고, 소리를 들을 때 인간이 느끼는 감성과 감동은 수치화 과정에서 완벽하게 제외된다. 과학 기술은 인간이 느끼는 실감을 어떻게 정확한 수치로 바꾸어 놓느냐를 문제로 삼고, 이를 위해 여러 가지 계측 방법과 복잡한 시스템을 고안했다. 그러나 이를 통해 얻은 수치는 일부 전문가의 전유물이 되고, 생활인들은 대부분 그러한 수치가 어떤 상황에서 나왔고 어떤 의미가 있는지를 쉽게 이해할 수 없게 되었다. 그 결과 자신이 소음의 피해자가 되지 않는 한 소음과 관련한 귀찮은 일은 모두 전문가나 계측기에 맡겨 버림으로써 귀의 감성은 음악 같은 극히 한정된 소리의 세계로만 향하고 바깥의 소리 환경에는 닫혀 버렸다. 이것이 소음 문제를 더 악화시켰다고 볼 수 있다.

1960년대 생태학 운동의 계기를 마련해 준, 미국의 과학자 레이첼 카슨의 『침묵의 봄』이 생각난다. 이 책은 1950년대 미국에서 환경 문제에 대해 최초로 경종을 울렸다.

> 자연은 침묵했다. 어쩐지 기분 나쁜 봄이 왔지만, 침묵의 봄이었다. 평상시라면 울새, 비둘기, 언치새, 굴뚝새 우는 소리로 봄밤은 밝아졌다. 그 밖에도 여러 가지 새들의 울음소리가 울려 퍼졌다. 하지만 지금은 소리 하나 나지 않는다. 들판, 숲, 늪지 모두 잠자코 있다.[132]

첫 구절에서 우리는 별 생각 없이 맞이하는 소리 풍경의 변화가 때에 따라 지구 환경 차원의 심각한 이변을 보여 줌을 확인할 수 있다. 멸종 생물이 박제로 남을지라도 소리를 내지는 못한다. 역사적인

도판 5-3 | 우는 모래 해안으로 알려진 긴케 바닷가. 시네마 현 니마 초에 있다.

건축물을 보존하는 게 가능할지라도 보존된 건물에서 그 건물이 실제 사용되던 당시의 소리는 들리지 않는다. 이처럼 눈으로 확인되는 것은 때에 따라 부랴부랴 겉만 살려서 위장할 수 있다. 그러나 우는 모래 해안이 해안과 대기의 오염 때문에 울지 않게 되듯이 어떤 환경에서 나오는 소리는 눈으로 얻은 정보보다 사실 그대로를 더 잘 말해 준다. 『침묵의 봄』은 우리에게 이러한 사실을 시사해 준다.

카슨의 말은 평소 주변 환경에 귀 기울이지 않으면 그러한 변화를 알아차리는 것도, 감춰진 메시지를 읽고 해석하는 것도 불가능함을 말해 준다. 첫 구절 이후, 레이첼 카슨은 모든 부문에서 자연과학의 치밀하고 방대한 자료를 동원해 자신의 이론을 전개했다. 이로 볼 때 감성과 실감의 중요성을 강조하더라도 기존의 과학적 발상과 절

차를 부정하는 게 아님을 분명히 알 수 있다.

서양 근대는 인간 문화를 자연에서 떼어 놓았다. 또 현실 세계를 기억과 이미지의 세계와 떼어 놓고 파악하려 했다. 과학으로 상징되는 이성의 세계와 예술로 상징되는 감성의 세계를 떨어뜨렸고, 인간의 신체 역시 오감으로 나누어 놓았다.

서양 근대 문명의 분석적 사고가 나눈 것을 다시 연결하려는 움직임이 계속 생겨나고 있다. 분열된 것을 연결하더라도 새롭고 특별한 게 태어나지 않을지도 모른다. 하지만 분열 탓에 놓쳤던 것이 무엇인지는 서서히 드러날 것이고 이를 새로운 형태로 되돌리는 일이 가능할 것이다. 또 근대화 과정에서 잊어버렸던 환경의 본질, 인간의 본질이 부각될 것이다. 주변에 다양한 소리가 존재했다는 것을 깨닫거나 잊었던 소리에 대한 기억이 되살아나는 것도 그 작업의 일부이다. 이는 결국 자신과 가까운 환경에 대한 발견 또는 재발견으로 이어진다.

이 작업은 동시에 자기에 대한 발견으로도 연결된다. 우리는 소음은 차치하더라도 살아가면서 들리는 소리를 평소에 그다지 의식하지 않는다. 일상생활에서 소리 풍경은 평소에 잘 의식하지 않는 주제로, 기성관념과 가치관에서는 발견하기 어렵다. 그런데 소리 풍경의 관점에 서면 환경에 대한 자신의 삶 그대로 순수한 감성과 평가가 나오기 쉽다.

이 작업이 효율적이지 않더라도 하나하나 자기 몸으로 실감하면서 진행해 주기를 바란다. 그것이 바로 소리 풍경의 세계로 첫발을 내딛는 것이다.

글을 맺으며

내가 소리 풍경이라는 말을 처음 안 것은 1970년대 중반 《트랜소닉》이라는 현대 음악 계간지를 통해서이다. 환경 음악과 관련해서 셰이퍼가 쓴 글을 다카하시 유지가 옮겨 놓았다. 당시 학생이었던 나는 도시와 자연의 환경음에 흥미가 있었지만, 전공인 음악학에서 이를 다루는 경우는 별로 없었다. 나는 어떻게 하면 그런 소리를 음악과 관련해서 파악할지를 두고 이스미야마 마사미와 스쓰무 쇼노 두 선생에게 격려 받아 가며 모색을 거듭했다. 셰이퍼의 글을 접한 후, 나는 도시의 웅성거림에서 자연계와 우주의 소리에 이르기까지 소리 세계의 미학을 다루는 소리 풍경이라는 개념에서 강한 인상을 받았다.

저자인 머레이 셰이퍼가 도대체 어떤 사람인지 알고 싶어서 지도 교수인 후나야마 타카시에게 물어 보았다. 선생은 음악 평론가인 고 아키야마 구니아키를 소개해 주었다. 그리고 그를 통해 셰이퍼가 캐나다의 작곡가라는 사실을 알았다. 이 책의 서론에서 말한 벌레 소리를 비롯한 환경음에 마음이 끌린 것은 동양 문화의 영향이고, 이는 서양의 음악 개념과는 상반된다고 생각했다. 게다가 나는 셰이퍼를 지리나 도시를 연구하는 학자인 줄 알았다.

셰이퍼에 대해 조사하는 과정에서 WSP의 존재와 이를 모체로 한 소리 풍경 조사 등을 알게 되었다. 현대 음악 작곡가인 셰이퍼가 음악을 훨씬 넘어서는 활동을 하는 배경이 궁금하여 나는 캐나다로 건너갔다.

나는 두 해 동안 WSP를 연구한 뒤 귀국했고, 곧이어 구일(歐日) 협회가 주최한 현대 예술에 관한 연속 강연회 중 하나를 맡았다. 이 강연회에서 나는 셰이퍼가 주도한 소리 풍경 조사와 「야생의 호수를 위한 음악」을 소개했다. 회의장에서 나는 기시마 출판사의 모리타 노부코도 만났다. 그때 우리는 책 출간과 관련한 이야기를 나누었는데, 15년이 지난 뒤에야 그 책을 간신히 완성했다. 지금 생각해 보면 나중에라도 책을 출간하자고 한 것은 매우 깊은 의미가 있다. 이 책과 같은 구성을 할 수 있었던 데에는 그간의 소리 풍경 연구와 디자인 실천 그리고 이를 통해서 얻은 식견이 필수 불가결했기 때문이다.

귀국 뒤 대학원에 복학한 나는 미술학부의 디자인과에서 열리던 니시자와 가타시 선생의 세미나에 참석했다. 그곳에서 디자인 이론과 현장을 배웠는데, 이후 소리 환경 디자이너로서 여러 프로젝트에 참여하는 계기가 되었다. 한편, 일본 각지에서 소리 풍경 조사도 직접 수행했고, 소리를 통한 환경 교육 프로젝트도 기획했으며, 교육 관련 현장에서 아이들부터 노인에 이르기까지 다양한 사람들과 소리의 세계에 귀 기울였다.

지금 일본에서 소리 풍경을 말할 때 반드시 셰이퍼의 작업만을 예로 다룰 필요는 없다. 이미 많은 실례들이 나와 있기 때문이다. 가령, 1996년 환경청이 실시한 '남기고 싶은 일본의 소리 풍경' 사업 등이 그 예이다. 하지만 (이런 시기이기 때문에 더욱) 이 책에서는 셰이퍼로 거슬러 올라가 생태학적 관점에서 근대 서양 음악 제도를 본질적으로 성찰하려 했던 소리 풍경 사상의 원점을 확인하고자 했다. 이를 통해 오늘날 도시와 자연을 둘러싼 디자인과 건축 활동을 다시 묻는다면 그보다 더 행복한 일은 없을 것이다.

이 책을 만들기까지 실로 많은 분의 도움이 있었다. 이미 거론한 선생님들은 말할 것도 없고, 소리 풍경에 관해 지금까지 연구하고 디자인을 하는 데 지도와 협력을 해 준 여러 선생님과 선배 그리고 조사와 디자인 프로젝트를 함께한 친구들과 관계자 여러분께 진심으로 감사드린다. 그리고 오랫동안 이 책의 탄생을 지켜보아 주고 귀중한 충고를 해 준 가시마 출판사의 모리타 노부코에게도 이 자리를 빌려 마음으로 예를 드린다.

1997년 1월
토리고에 게이코

옮긴이의 말

소리 풍경이라는 용어를 처음 접한 것은 박사 학위 논문을 준비하는 과정에 있을 때였다. 그리고 소리 풍경 연구를 처음 수행하게 된 것은 그로부터 한참 후인 2001년 한국과학재단의 지역 대학 우수 과학자 지원 연구 사업에 선정되면서부터이다. 전라북도 남원시를 대상으로 연구하면서 소리 풍경이라는 개념을 이해하고 조금씩 정립해 나갈 수 있었다.

당시 국내에는 관련 자료가 전무했기 때문에 외국의 논문이나 기사 등을 구해 연구를 진행할 수밖에 없었다. 그때 이 책을 접하고 나서 소리 풍경 연구에 대한 개념과 조사 방법 등과 관련한 기본서로 유용하게 활용해 왔다. 소리 풍경 연구는 건축, 음악, 도시, 조경, 사회학 등 여러 분야가 서로 밀접하게 관련된 학제적 영역이다. 이 책은 소리 풍경 개념을 기초로 지역의 소리 환경이 갖는 문제를 인식하고, 사고의 변화와 확대를 꾀하며, 통합적으로 적용하는 데 도움을 주는 중요한 문헌이라 하겠다.

일본에서는 1970년대에 소리 풍경 연구가 처음으로 소개되었고, 1993년에는 일본 사운드스케이프 협회가 설립되어 각계 연구자들이 활발하게 교류 중이다. 저자인 토리고에 게이코는 일찍부터 소리 풍경 연구에 몰두해 소리 환경 디자이너로서 족적을 남긴 연구자다. 저자는 소리 풍경 개념을 제창한 셰이퍼의 사상과 조사 연구를 바탕으로 소리 풍경 개념의 성립과 의의, WSP의 역사적 전개 과정과 성과, 소리 풍경 조사 연구의 방법, 소리 풍경 디자인의 개념과 사례 등을 일본의 자연, 역사, 전통의 소리 환경과 관련지어 이해하기 쉽게 자세히 설명했다.

셰이퍼가 쓴 『사운드스케이프 : 세계의 조율』이 소리 풍경이라는 개념의 성립 배경과 역사, 소리 환경에 대한 음악적 사고와 의식 그리고 풍부한 상상력을 바탕으로 소리 풍경의 이념과 사상을 종합적으로 이해하는 데 기본이 되는 책이라면, 이 책은 소리 풍경의 개념과 의의, 조사 방법, 소리 풍경 디자인의 개념을 확대하여 구체적 사례를 제공한다는 점에서 유용한 도구로 활용될 수 있다.

원래 이 책을 국내에 처음으로 출간한 것은 2004년 한국과학재단에서 연구비를 지원받아 시각과 청각의 상호 작용 연구를 진행할 때였다. 사운드스케이프는 우리말로 소리 풍경 또는 청각적 경관이라 옮길 수 있는데, 당시 출판사 담당자는 소리 풍경이라는 말을 모두 풍경 소리로 바꾸어 버렸다. 또 문장을 일부 변용하거나 삭제한 경우도 있어 재출간할 때에는 면밀하게 검토하려고 했다. 그물코 출판사는 생태라는 주제를 중심으로 실생활에 접목할 수 있는 책을 전문으로 내는 곳으로, 셰이퍼의 『사운드스케이프 : 세계의 조율』을 출간하기도 했다.

끝으로 이 책을 재출간하도록 도움을 주신 토리고에 게이코 선생에게 감사를 드린다. 또한 책이 나오기까지 실무를 맡아 애써 주신 충남 홍성의 그물코 출판사에도 감사드린다. 나 개인의 욕심으로 인해 가정의 여러 일을 대신 도맡아 희생해 주는 아내와 가족에게 미안하고 고마운 마음을 전한다.

한국의 아름답고 풍부한 소리 풍경의 조율을 꿈꾸며……

2015년 9월
한명호

후주

1 今田敬一,「風景と音」,《風景》, 第9卷 2號(1942), p.56.

2 川村多實二,「風景の香と聲」,《風景》, 第6卷 8號(1939), p.4.

3 柳田國男,『明治大正世相篇(上)』, 講談社學術文庫 10(1976), pp.51~52.

4 マーシャル・マクル・ハン,『グーテンベルクの銀河系』(みすず書房, 1986).

5 『建築大辭典』(彰國社, 1988), p.422.

6 도쿄 오오모리에 있는 조개 무덤. 1877년 에드워드 모스는 그곳에서 살던 사들이 만든 토기를 발견했다.

7 エドワード・モース, 石川欣一 譯,『日本その日その日』(平凡社, 東洋文庫 179, 1971).

8 『日本その日その日』, pp.105~106.

9 달구질 또는 그 일을 하는 남녀 일꾼. 본디 달구질할 때 내는 소리에서 왔음.

10 中村良夫,『風景學入門』, 中公新書 650(1982), pp.19~20.

11 『日本その日その日』, 第2卷, pp.51, 59.

12 鳥越けい子,「サウンドスケプ概念の成立とその意義」,《音樂學》弟34卷 3號 (1988), pp.163~177.

13 Murray Schafer, *Smoke: A Novel*(Vancouver, 1976).

14 Murray Schafer, *E. T. A. Hoffmann and Music*(University of Toronto Press, 1975).

15 공간 음악이란, 독일의 현대 음악 작곡가인 카를하인츠 슈토크하우젠(1928~2007)이 1950년대 후반에 제창한 개념이다. 소리의 공간적 위치를 악곡의 구성 요소로 삼아 소리의 공간적 이동과 대비를 악곡 구조에 더한 음악이다.

16 도형 악보란, 소리를 오선지 악보처럼 정량적으로 기록하는 것이 아니라 도형과 이미지 등을 통해 음의 이미지를 전하는 악보이다. 존 케이지의 불확정성, 우연성의 음악을 실현하는 수단의 하나로 생겨났다.

17 Murray Schafer, *Divan I Shams I Tabriz*(Universal Edition, 1977).

18 1982년 5월 캐나다 스트랫퍼드 미술관에서 열린 머레이 셰이퍼의 음향 조각 전「보이지 않는 소리(Sounds Unseen)」의 팸플릿에서 인용.

19 Murray Schafer, *The New Soundscape*(Universal Edition, 1969), pp.1~2.

20 Murray Schafer, *The Book of Noise*(Vancouver: World Soundscape Project, 1970), p.3.

21 Stephen Adams, *R. Murray Schafer*(Toronto University Press, 1983), p.25.

22 Murray Schafer, *The Composer in the Clasroom*(Universal Edition, 1965).

23 Murray Schafer, *Statement in Blue*(Universal Edition, 1964).

24 Murray Schafer, *Ear Cleaning*(Universal Edition, 1967).

25 위의 책, p.25.

26 鳥越けい子,「マリ・シェ・ファ 硏究」, 東京藝術大學樂理科卒業論文(1979), p.10.

27 구체 음악(musique concrete)이란, 현실에 존재하는 다양한 소리(기차 소리, 인간 음성, 자연의 소리 등)를 녹음한 후 이를 기계적, 전기적으로 조작하여 구성한 음악. 1948년 프랑스 파리 방송국의 기사 피에르 셰페가 창시했다.

28 Musica Futurista, *Cramps Records Collana Multhipla 5204 002* 레코드 재킷.

29 가구 음악(musique d'ameublement)이란, '표현으로서의 음악'과 상반되는 것으로, 사람 마음을 끌기 위한 음악이 아니라 의자, 가구, 융단처럼 언제나 곁에 있는 실내 가구 같은 음악을 가리킨다.

30 RVC STV-71336(ERATOREL-8083). 이 음반에는「도지사를 위한 벽지」,「연철 태피스트리」,「음의 타일」등 세 곡이 수록되어 있다.

31 침묵의 3악장으로 구성된 피아노 곡. 1952년 우드스톡에서 데이비드 튜더가 처음으로 연주했다. 새로운 음악의 다양한 모습을 계속 추구해 나갔던 케이지의 작품 중에서도 특히 음악 예술과 일상생활의 경계를 넘어 환경 그 자체를 듣는다는 그의 의도를 단적으로 보여 준다.

32 Schafer Murray, *The Tuning of the World*(New York: Alfred A. Knopf, 1977), p.2. 머레이 셰이퍼, 한명호 · 오양기 옮김, 『사운드스케이프』(그물코, 2008),

17쪽.

33 『사운드스케이프』, p.189.

34 John Cage, *Silence*(Middletown: Wesleyen Univ. Press, 1974), p.12.

35 『사운드스케이프』, p.15.

36 위의 책, p.183.

37 무지카는 음악(music)의 어원으로서 고대 그리스의 음악 개념 '무지케'가 중세에 계승된 것이다. 중세 사람들은 무지카에 세 가지 종류가 있다고 여겼다. 우주의 음악은 우주의 조화를 말하며, 천체의 음악이라고도 불렸다. 인간의 음악이란 인간의 하르모니아, 즉 영혼의 조화를 말한다. 악기의 음악은 음향의 음악(musica sonora)이라고도 불렸는데, 성악과 악기를 가지고 하는 음악을 가리킨다. 보통 상태에서 인간에게 들리는 것은 악기의 음악뿐이라고 여겨졌다.

38 고대 인도의 음악 이론서인 『상기타 마카란다』에 따르면, 소리는 '아나하타'(끊어지지 않는 소리)와 '아하타'(끊어진 소리) 두 가지로 나누어진다. 아나하타는 천공의 정조를 감싸는 에테르의 진동으로, 인간의 귀로는 들을 수 없지만 모든 현상의 기반이 된다고 여겨졌다. 『사운드스케이프』, 396쪽.

39 *The New Soundscape*, p.38.

40 『사운드스케이프』, p.397.

41 Murray Schafer, *Studies in the Acoustic Ecology and the World Soundscape*, a grant proposal for UNESCO(1970), unpublished manuscript.

42 Murray Schafer, *Proposal to Donner Foundation: Studies in the World Soundscape*, a grant proposal for the Donner Foundation(1971), unpublished manuscript, pp.2~3.

43 Murray Schafer, *A Survey of Community Noise By—Laws in Canada*(Vancouver: by the World Soundscape Project with the support of Labatt Breweries of Canada, 1972).

44 Murray Schafery(ed.), *The Vancouver Soundscape*(Vancouver: by the World Soundscape Project with the support of British Columbia Hydro, 1974).

45 Murray Schafer(ed.), *Five Village Soundscapes*(Vancouver: A.R.C. Publication, 1977).

46 브루스 데이비스(Bruce Davis, 1946~), 하워드 브룸필드(Howard Broomfield, 1945~1987), 피터 휴스(Peter Huse, 1938~) 등이며, 비상근 연구원으로는 힐더가드 웨스터캠프(Hildegard Westerkamp, 1946~)가 있었다.

47 Barry Truax(ed.), *A Handbook for Acoustic Ecology*(Vancouver: A.R.C. Publication, 1978).

48 *The Vancouver Soundscape*, p.28.

49 위의 책, p.28.

50 위의 책, pp.37, 39.

51 이 조사에 대해서는 *Five Village Soundscapes*, pp.18~19, pp.54~56에 자세히 보고되었다. 이하 레스코닐에서 조사한 내용은 모두 여기에 근거한다.

52 위의 책, pp.77~78.

53 *A Handbook for Acoustic Ecology*, p.126.

54 로파이(Lo-Fi)는 저충실도(low fidelity)의 약칭이다. S(신호, signal) 대 N(잡음, noise) 비율이 나쁜 것이다. 소리 풍경 연구에서 이 말은 소리가 밀집했거나 막혀서 명료하게 들을 수 없는 상태를 말한다. 하이파이(Hi-Fi)는 그 반대 상태다.

55 *Five Village Soundscapes*, pp.78~79.

56 『사운드스케이프』, pp.15~16.

57 『사운드스케이프』, p.372.

58 Barry Truax, *The Soundscape and Technology*, interface, vol.VI, p.5.

59 제20회 산토리홀 국제 작곡 위촉 시리즈 '머레이 셰이퍼', 1995년 7월 8일, p.6~8.

60 완성된 작품보다는 작품에 투영된 이념이나 제작 과정을 중시하는 태도.

61 시어터 피스(theater piece)는 소리·영상·연기 등 각종 예술에 쓰이는 다양한 표현 매체를 결합하는 미디어믹스 중 특히 연주자의 행위를 중심으로 계획된 음악 작품으로 무대뿐 아니라 객석·통로 등 극장 공간을 전면적으로 활용

하는 작품이 많은 데서 생겨난 이름이다.

62 Murray Schafer, *Music for Wilderness Lake*(Arcana Edition, 1980).

63 「별의 여왕」에 대한 자세한 설명은 鳥越けい子, 『マリ__・シェ__ファ__の方法』과 小川博司 他 編著, 『波の記譜法 ── 環境音樂とはなにか』(時事通信社, 1986), pp.81~115 참조.

64 「야생의 호수를 위한 음악」 악보에서.

65 ハンスリック, 『音樂美論』, 渡辺護 譯(岩波書店), p.164.

66 And Wolf Shall Inherit the Moon, seventh draft, January 1995, p.1.

67 And Wolf Shall Inherit the Moon, Patria: The Conclusion Seventh Draft, January 1995.

68 鳥越けい子, 「マリ__・シェ__ファ__, 最近の活動を語る」, 《音樂藝術》, 1995年 9月號, p.48.

69 壓野進, 「環境への音樂 ── 環境音樂の定義と價值」, 小川博司他 編著, 『波の記譜法 ── 環境音樂とはなにか』(時事通信社, 1986), pp.61~80.

70 David Toop, Max Eastley, New and Rediscovered Musical Instruments, obscure No. 4(Island Record, 1975).

71 1995년 얀 후트의 종합 감수로 아오야마와 오모테산도 일대에서 개최된 아트 프로젝트.

72 1996년 11월 22일부터 12월 7일을 회기로 하여 도쿄 아오야마에 산재하는 미술 전시장 바깥의 공간을 면적(面的) 아트 스페이스로서 네트워크화하는 것을 골자로 개최된 프로젝트.

73 에도 중기에 고안된 일본 정원 장식 중 하나로, 물방울로 거문고 소리를 나게 하는 음향 장치다. 바닥에 작은 구멍이 뚫린 독을 뒤집은 상태로 땅 속에 묻고, 땅바닥은 물이 스며들지 않도록 점토 등으로 굳힌다. 위에는 손 씻는 물을 떠 놓는 그릇이 놓여 있고, 여기에서 흘러 떨어지는 물이 독의 구멍을 통해 방울방울 떨어지게 되어 있다. 이들 물방울이 독 속에서 울려 거문고 같은 소리가 난다.

74 木幡順三 著, 『美と藝術の論理』(勁草書房, 1980), pp.119~122.

75   『소리 교육 1: 소리, 귀, 마음을 위한 100가지 연습 노트』, p.106.

76   『사운드스케이프』, p.315.

77   マリ―・シェファ― 著, 『サウンド・エデュケ―ション』, 鳥越けい子, 若尾 裕, 今田匡彦 譯)(春秋社, 1992). 이 책은 영어로 된 수고본을 토대로 일본어판 이 나온 뒤 영어판이 나왔다. 영어판 제목은 A Sound Education(Indian River: Arcana Education, 1992)이다. 또한 셰이퍼와 이마다 타다히코(今田匡彦)의 공 동 저술로 아동용 책『音さがしの本: リトルサウンドエデュケ―ション』(春秋 社, 1996)도 나왔다.

78   『소리 교육 1: 소리, 귀, 마음을 위한 100가지 연습 노트』, p.14.

79   위의 책, p.15.

80   위의 책, p.70.

81   위의 책, p.16.

82   위의 책, p.68.

83   위의 책, pp.33~35.

84   The Vancouver Soundscape, p.71.

85   위의 책, p.71.

86   『소리 교육 1: 소리, 귀, 마음을 위한 100가지 연습 노트』, p.163.

87   *Five Village Soundscapes*, p.14.

88   『사운드스케이프』, p.202.

89   위의 책, p.201.

90   위의 책, p.404.

91   위의 책, p.405.

92   *Five Village Soundscapes*, p.11.

93   *The New Soundscape*, p.11.

94   *The Vancouver Soundscape*, p.30.

95   위의 책, p.33.

96   위의 책, p.25.

97   *Five Village Soundscapes*, p.57.

98 위의 책, p.22.

99 위의 책, p.23.

100 위의 책, p.26.

101 위의 책, p.41.

102 위의 책, p.39.

103 위의 책, pp.45, 48.

104 위의 책, pp.45, 53.

105 *Five Village Soundscapes.*

106 *The Vancouver Soundscape*, p.40.

107 위의 책, p.43.

108 『사운드스케이프』, p.29.

109 瀨尾文彰, 『意味の環境論—人間活性化の舞臺としての都市へ』(彰國社, 1981).

110 *Five Village Soundscapes*, p.51.

111 *Five Village Soundscapes*, p.50.

112 『사운드스케이프』, p.406.

113 위의 책, p.350.

114 *Five Village Soundscapes*, p.63.

115 鳥越けい子, 「建築物の性格が都市の聽覺的景觀に及ぼす影響に關する基礎研究(1)」, 『住宅總合硏究財團硏究年報』, No. 16(1989), p.212.

116 예를 들면, 소리 풍경 조사에서 거리, 공원 등 도시의 여러 공간으로 나가서 주변 소리에 귀 기울이거나, 연장자들에게 지금은 들리지 않는 소리에 대해 인터뷰하는 것을 관찰 조사나 청취 조사의 일환으로 행할 수 있다. 『소리 교육 1: 소리, 귀, 마음을 위한 100가지 연습 노트』, p.43에서 제시한 과제 제21번과 pp.127~129에서 제시한 과제 제79번 참조.

117 『哲學辭典』(平凡社, 1971), p.972.

118 기회 음악(機會音樂, Gelegenheits musik)이란 바로크 시대의 '식탁 음악'과 같이 어떤 특정한 기회의 필요를 위해 그리고 구체적이고 실용적인 목적을 위

해 창작되어 연주되는 음악을 말한다.

119 『사운드스케이프』, p.364.

120 木幡順三 著, 『美と藝術の理論』(勁草書房, 1980), pp.119~122.

121 個性あるみちづくり研究會 編, 『個性あるみちづくりガイドブックPART1マ
     ニュアル編』ぎょうせい(1996), p.111.

122 다케타 시는 기시마의 외가가 있던 곳으로, 태평양 전쟁 중에 기시마 본인도
     이곳에 피란했다.

123 ユクスキュル, 日高他 譯, 『生物から見た世界』(思索社, 1973).

124 일본 동북 지역에서 해마다 9월에 열리는, 토란을 주재료로 하는 전골 먹는
     행사.

125 무동존(無動尊)이라고도 하며, 대일여래(大日如來)가 악마를 굴복시키기
     위해 몸을 바꾸어 분노한 모습을 나타낸 형상이다.

126 일본 고유의 산악신앙에 불교와 도교 등을 가미한 종파.

127 요시오카 노부타카가 1990년부터 주재한 나가사키 전집소/나가사키 사운
     드디자인 공방이 기획한 프로젝트. 1991년 7월부터 8월에 걸쳐 나가사키 시민
     을 대상으로 "당신이 알고 있는, 좋은 소리가 들리는 장소를 가르쳐 주십시오."
     라는 설문 조사를 했다. 그 결과 추천받은 장소 중 스무 곳을 선정했다.

128 일본 전통 춤의 일종.

129 ながさきの風景・音の文化研究會 編, 『ながさきの風景・音と耳と心』, 長岐
     伝集所/長岐サウンドデザイン塾(1993), p.5.

130 鳥越けい子, 「R・マリー・シェーファーからのメッセージ」, 《Japan Sound-
     scape News Letter》第4號(1995), pp.11~12.

131 國木田獨步, 『武藏野』, 新潮文庫 240(新潮社, 1949), pp.10~11. 우리말 번역
     은 『무사시노 외』(김영식 옮김, 을유문화사, 2011)를 따랐다.

132 レイチェル・カーソン, 『沈默の春』, 青樹築一 譯(新潮社, 1970), pp.12~13.

지은이 **토리고에 게이코**

1955년 태어나 도쿄 예술 대학 음악학부 악리과(樂理科)를 졸업했다. 1980년 캐나다 정부 초청으로 유학길에 올라 1982년 캐나다 요크 대학 예술학부 석사 과정을 수료했다. 이어 1984년 도쿄 예술 대학 대학원 음악 연구과를 수료했다. 이후 세이신 여자 대학 조교수를 역임했으며, 사운드스케이프 연구 기구인 토리고에 게이코 아틀리에를 이끌기도 했다. 현재 아오야마가쿠인 대학의 종합 문화 정책 학부 교수로 재직 중이다.

토리고에 게이코는 일본 각지의 소리 문화를 조사 연구하는 한편, 청각을 근저로 한 마을 만들기, 환경 디자인에서 환경 교육에 이르기까지 각종 프로젝트를 수행하고 있다. 지은 책으로『波の記譜法- 環境音樂とはなにか』,『サウンドスケプの詩學 -フィ—ルド編』등이 있고, 옮긴 책으로는『世界の調律 -サウンドスケ—プとはなにか』,『サウンドエデュケ—ション』등이 있다.

옮긴이 **한명호**

1964년 전남 진도에서 태어났다. 1989년 전남공대 건축공학과를 졸업하고 같은 학교 대학원에서 석사와 박사 학위를 받았다. 1994년부터 2007년까지 서남대학교 건축공학과 교수로 재직했고, 2007년부터 목포대학교 친환경건축연구센터와 호남문화콘텐츠연구소 연구 전임 교수를 역임했다.

2000년부터 소리 풍경 연구에 몰두하기 시작하여 현재 소리 풍경에 관한 조사, 연구, 교육, 지역의 실천 활동에 참여하고 있다. 주요 논문으로 문화관광부의 '가고 싶은 섬 홍도' 시범 사업의 일환으로 연구한「홍도의 소리 경관 자원의 발굴, 보존 및 육성을 위한 사운드스케이프 조사 연구」를 비롯하여 약 30편이 있으며, 옮긴 책으로는『사운드스케이프: 세계의 조율』,『소리 교육 1: 소리, 귀, 마음을 위한 100가지 연습 노트』『소리 교육 2: 소리와 음악 창작을 위한 75가지 연습 노트』가 있다. 최근에는 2011년 소리 풍경 디자인 실천 활동으로 '무등산 소리 풍경 명소 발굴 사업'을 수행하고, 현재 '김인후의 48영에 표상된 소쇄원의 소리 풍경'에 대한 연구 프로젝트를 수행하고 있다.

소리의 재발견
소리 풍경의 사상과 실천

1판 1쇄 펴낸날 2015년 9월 20일

지은이 토리고에 게이코
옮긴이 한명호
펴낸이 장은성
만든이 김수진
인 쇄 대덕인쇄
제 본 자현제책
종 이 성진페이퍼

출판등록일 2001.5.29(제10-2156호)
주소 (350-811) 충남 홍성군 홍동면 운월리 368번지
전화 041-631-3914
전송 041-631-3924
전자우편 network7@naver.com
누리집 cafe.naver.com/gmulko